Technische Clusteranalyse

Kombinierte Charttechnik für Trader und Analysten

Das Buch

Dieser Chartlehrgang für Technische Analysten und Trader hilft Ihnen dabei, selbst und fernab der Meinung Dritter oder der Medien klare und eindeutige Ausblicke für börsengehandelte Basiswerte mit allen für Händler wichtigen Ein- und Ausstiegsmarken anzufertigen. Mit einfachsten und kostenlosen Hilfsmitteln sind Sie schnell und eindeutig in der Lage, die weltweiten Finanzmärkte professionell einzuordnen und Schlüsse für das tägliche Handeln an den Märkten abzuleiten. Die kombinierte Analyse vereint dabei verschiedene Methoden aus der Charttechnik und vervielfacht so die Vorteile der einzelnen Ansätze in Form von ganzheitlichen Chartbildern hoher Güte und großer Annahmewahrscheinlichkeit. Beginnend mit den Grundlagen von Trendlehre und klassischer Charttechnik arbeiten wir uns in exotische und professionelle Anwendungsgebiete vor um das Gelernte abschließend bestmöglich in der Clusteranalyse zu kombinieren. Eine wichtige Orientierungshilfe in der alltäglichen Arbeit mit den Charts liefert uns dabei ein handfestes und immer gleiches Vorgehen – in nur acht simplen Schritten sammeln wir alle notwendigen Informationen und Handelsargumente zu einem börsengehandelten Basiswert. Die Trading-Matrix speichert diese und gibt uns zu jeder Zeit einen schnellen und eindeutigen Überblick über alle Assetklassen. Das finale Ergebnis unserer Arbeit an Kurs und Volumen soll dabei keine „Wenn-dann-Analyse“ ohne handfesten Nutzen für den Börsenhändler, sondern ein allzeit klarer Ausblick mit ganzheitlichen Handelsmarken wie Einstieg, Stopp-Loss und Take-Profit sein.

Der Autor

Christian Stern wurde im Jahre 1985 in Rudolstadt (Thüringen) geboren und ist im Fichtelgebirge aufgewachsen. Nach einer Berufsausbildung zum Kaufmann im Groß- und Außenhandel leistete er seinen Grundwehrdienst bei den Gebirgsjägern in Bad Reichenhall ab. Nach der erfolgreichen Erlangung des Fachabiturs an der Berufsoberschule absolvierte er die Ausbildung zum Heeresoffizier und studierte Wirtschaft und Journalismus an der Universität der Bundeswehr in München. In dieser Zeit gründete Christian Stern die Trading Stars Wertpapierhandelsgesellschaft mbH mit Sitz in Selb (Bayern) und leitet dort den Eigenhandel sowie die Bereiche Ausbildung und Redaktion. Seit 2016 ist er zudem Geschäftsführer der Trading Made in Germany Verlag- und Dienstleistungs UG.

Christian Stern

Technische Clusteranalyse

Kombinierte Charttechnik für Trader und Analysten

1. Auflage, München im September 2016

www.trading-made-in-germany.de

Inhaltsverzeichnis

Risikohinweise und Haftungsausschluss

Börsengeschäfte mit derivativen Produkten, wie zum Beispiel CFD´s oder dem Forexhandel, beinhalten erhebliche Risiken und sind als hochspekulativ anzusehen. In Extremfällen können Sie aufgrund der Hebelwirkung über den Totalverlust des eingesetzten Kapitals hinausgehend mehr Geld verlieren als Ihnen zur Verfügung steht sodass Verbindlichkeiten gegenüber Dritter entstehen. Der standarisierte Hebel bei einer Vielzahl von Brokern ist 1 zu 400 – Sie können also bis zu 400 Mal mehr als Ihre Depoteinlage an den Märkten bewegen und dies natürlich im schlimmsten Fall auch riskieren und so verlieren. CFD-, Forex- und derivative Geschäfte können aufgrund ihrer Hebelwirkung durch wirtschaftliche oder politische Entwicklungen erhöhten Kursschwankungen und damit Risiken unterliegen. Beim Einsatz dieser Instrumente muss man bewusst sehr hohe Risiken und sehr starke Ertrags-, Kurs-, Währungs- und Kontoschwankungen in Kauf nehmen um langfristig die Chance auf ein hohes Kapitalwachstum zu erhalten. Haushalten Sie mit ihrem Kapital und wenden Sie ein gutes Risiko- und Money-Management an – riskieren Sie nie mehr als ein bis zwei Prozent der Depotgröße für einen einzelnen Trade und rechnen Sie immer mit nachteiliger Slippage (Differenz zwischen Handelsmarke und tatsächlicher Orderausführung) oder Kurslücken über Nacht und an Wochenenden. Positive Ergebnisse von Handelsstrategien in der Vergangenheit sind kein sicherer Indikator für zukünftige Gewinne, wie auch Wertentwicklungen der Vergangenheit keine Garantie für zukünftige Erträge sein können. Alle von uns in diesem Buch genutzten Informationen basieren auf Quellen, die wir für zuverlässig halten. Die Trading Made in Germany Verlag und Dienstleistungs UG (haftungsbeschränkt) übernimmt trotz sorgfältiger Analyse keinerlei Gewähr für Inhalt, Aktualität, Korrektheit, Vollständigkeit oder Qualität der bereitgestellten Informationen. Diese stellen zudem keine Anlageempfehlung bzw. Anlageberatung dar und können auch keine Anlageberatung ersetzen. Haftungsansprüche gegen die Trading Made in Germany Verlag und Dienstleistungs UG (haftungsbeschränkt), welche sich auf Schäden materieller oder ideeller Art beziehen, die durch die Nutzung oder Nichtnutzung der dargebotenen Informationen bzw. durch die Nutzung fehlerhafter und unvollständiger Informationen verursacht wurden, sind grundsätzlich ausgeschlossen.

Generell empfehlen wir den Handel mit Brokern ohne die sogenannte Nachschusspflicht – hier ist der maximale Verlust auf Ihre Kontogröße beschränkt. Eine Auswahl getesteter, marktfähiger und fairer Handelshäuser finden Sie auf http://brokerstars.de/. Jeder Leser ist selbst für seine Handlungen an den internationalen Finanzmärkten verantwortlich und muss stets sein absolutes Risiko kennen und einschätzen können. Verifizieren Sie alle Inhalte aus Medien und Trading-Szene persönlich und genau. Viele schwarze Schafe vermitteln eher zweifelhaftes Wissen und fragliche Handelsansätze, verkaufen minderwertige Inhalte für viel Geld und handeln selbst nur in Demokonten oder gar nicht. Treten Sie Informationen zunächst skeptisch gegenüber bis Sie selbst ein Gefühl für den Ansatz oder die Methodik entwickeln können. Nur weil wir schreiben, dass die „200-Tage-Linie" der „Heilige-Gral" im Trading ist, muss das noch lange nicht stimmen. Das Schöne an der Technischen Analyse ist jedoch die einfache Nachprüfbarkeit von Aussagen und Annahmen. Nehmen Sie das Gelernte stets in vielen hundert praktischen Chartbildern der Vergangenheit zur Hand und prüfen Sie so die Ergebnisse. Zum einen verifizieren Sie so alle Informationen, zum anderen hilft Ihnen die praktische Arbeit mit dem Chart dabei ein Gefühl für die Bewegungscharakteristik der betrachteten Basiswerte und Finanzmärkte zu entwickeln.

Prolog

Im Jahre 1992 nahm n-tv als erster deutscher Nachrichtensender in einem Berliner Altbau den Sendebetrieb auf. Neben der Finanz- und Wirtschaftssendung „Telebörse“ gehörte von Anbeginn an und bis zum heutigen Tage auch das Laufband der Börsenkurse am unteren Bildrand zum etablierten Charakter des Formats. Und genau diese bunten, aneinandergereihten Zahlen mache ich heute – 15 Jahre Handelserfahrung später – für mein erstes Interesse an Wertpapieren und Trading verantwortlich. Ich war fasziniert vom stündlichen Wechsel von Vorzeichen und Kursen, Gewinnen und Verlusten. Das gesamte weltwirtschaftliche Gefüge reduziert auf einige Zentimeter Bildschirmhorizontale mit doch so vielfältigen Aussagen und Informationen. Wenn auch zu dieser Zeit nicht ganzheitlich verständlich für einen Schüler, so war ich doch vom Laufband der Kurse „angefixt“. Mir war nicht klar, dass die Anzeige „Frankfurt 5.960“ den aktuellen Kursstand im DAX Performance Index deklarierte und welchen Vorteil ich aus dieser Information ziehen könnte. Klar war mir jedoch schnell dass sich die Zahlen und Kurse schnell verändern konnten – doch warum? Folglich habe ich mich auf eine spannende Reise von der Aktie, über Optionsscheine bis hin zu CFD´s und Futures begeben. Die Technische Analyse war mir dabei ein treuer, dankbarer und gewinnbringender Wegbegleiter. Schlüsse aus der Vergangenheit zu ziehen und diese in zukünftige Kursentwicklungen zu projizieren war für mich logisch da die Marktteilnehmer ja stets die gleichen waren und zumindest ähnliche Ziele, eine ordentliche Rendite, haben mussten. Zudem ist die Charttechnik relativ schnell, einfach und für nahezu Jedermann ohne großartige Vorbildung zu erlernen. Manchmal ist es sogar von Vorteil, wenn man keine Banklehre oder ein volks- oder betriebswirtschaftliches Studium abgeschlossen hat da der Kopf frei von Grenzen und scheinbaren Logiken der realen Wirtschaftswelt ist. Die visuellen Fortschritte und Erfolge in der Analysetätigkeit und ein aufwachsendes Chartbild machen zudem große Freude - im Gegensatz zur fundamentalen Untersuchung von Basiswerten war mir dies äußerst sympathisch. Dabei gab es nun scheinbar unendlich viel zu lernen, Bücher zu lesen und Webinar-Aufzeichnungen anzuschauen, Geld zu verlieren wie auch zu gewinnen.

Viele dieser Informationen konnte man im Laufe der Jahre verfestigen, vergessen oder neu überdenken – die schiere Flut an Wissen unterzog sich einem Prozess der Komprimierung. Von meinem heutigen Standpunkt aus betrachtet war der größte Gewinn ein gewisses Maß an Freiheit, Selbstständigkeit und vor allem eine größtenteils freie Zeiteinteilung - ein hoher Grad an Individualismus im Trading. Für mich ist ein großes Geschenk, nicht alltäglich acht oder zehn Stunden in einem Großraumbüro für Andere arbeiten zu müssen. Der Weg zu einem professionellen und nachhaltigen Börsenerfolg ist jedoch äußerst steinig und lang – das Ziel bleibt dabei einigen wenigen, hartnäckigen und sicherlich nur ausdauernden Menschen mit einem hohen Empathievermögen für die Finanzmärkte vorbehalten. Haben Sie die Kraft, Ausdauer und Disziplin diesen Pfad zu beschreiten, so werden auch Sie gänzlich dafür belohnt werden. Individuellen Fleiß und die Arbeit in der Praxis kann Ihnen dabei kein Buch der Welt ersparen sodass Sie für Ihre persönliche Reise einige Monate und Jahre kostbarer Zeit einplanen sollten.

Kapitel 1

Die Technische Analyse (Charttechnik)

Die Technische Analyse, auch Chartanalyse oder Charttechnik genannt, ist eine Form der Finanzanalyse. Dabei wird versucht, aufgrund historischer Begebenheiten und Verhaltensweisen Rückschlüsse auf das zukünftige Verhalten eines Marktes oder Basiswertes zu schließen. Die Technische Analyse verwendet als Grundlagen nur an der Börse erzeugte, historische Kurse und Umsätze. Diese Daten werden zum Teil veredelt und beispielsweise als mathematische Indikatoren eingesetzt. Dabei sollen Eintrittswahrscheinlichkeiten, also zu erwartende Szenarien, ermittelt werden. Oftmals werden von nicht tradingaffinen Autoren sogenannte „Wenn-dann-Analysen" erstellt. Diese scheinen jedoch für den Eigenhandel eher unbrauchbar da wir hier immer eine klare Aussage in Form unserer Handelsposition treffen müssen. Das Ziel eines guten Analysten sollte also eine finale Favorisierung und die Ausarbeitung eines praktischen Ausblicks inklusive aller für das Trading notwendiger Handelsmarken wie Einstieg, Stop-Loss und Take-Profit sein.

Die Grundannahme der Technischen Analyse

Die Grundannahme der Technischen Analysen ist, dass kursbildungsrelevante Informationen jedes Basiswerts mit einem Zeitverzug eingepreist werden sodass es durch die Analyse des Kursverlaufs möglich ist, diesen selbst zu prognostizieren. Damit unterstellt man einem Markt einen gewissen Grad an Ineffizienz oder zeitlichen Verzug – die sogenannte Informationsdiffusion. Alle relevanten Informationen stehen dabei allen Marktteilnehmern zur gleichen Zeit zur Verfügung und sind im Kursverlauf ersichtlich. Kurz gesagt geht man davon aus, dass wiederkehrende und beobachtbare Bewegungsmuster aus der Vergangenheit zu einer gewissen Wahrscheinlichkeit höher 50 Prozent auch in der Zukunft bestand haben und daraus Schlüsse und Voraussagen ähnlicher Entwicklungen gezogen werden können.

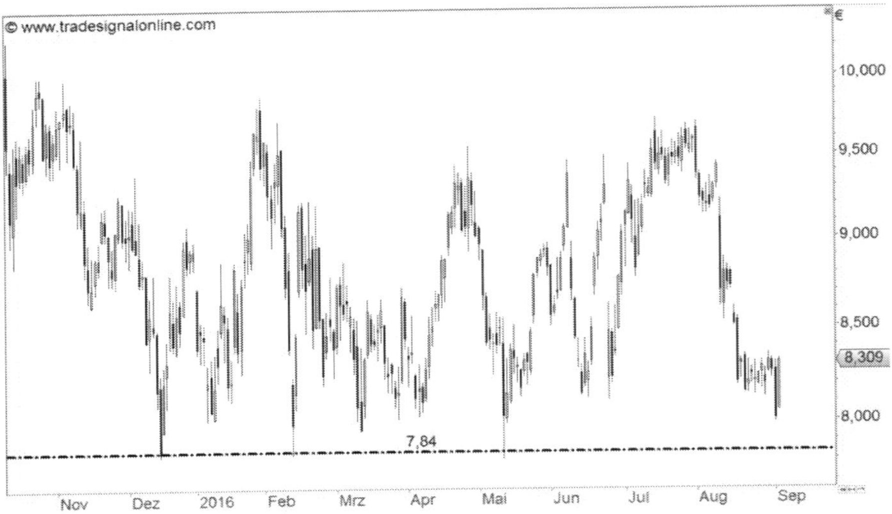

Abbildung 1: E.ON SE im Tageschart. Innerhalb der letzten Handelsmonate erreichte die Aktie dreimalig den Bereich um 7,84 Euro. Jedes Mal kauften die Marktteilnehmer im Tagesverlauf an dieser Stelle Stücke zu und der Kurs konnte sich im Anschluss immer stabilisieren. Die Annahme der Technischen Analyse ist nun eine horizontale Unterstützung – die vermehrten Kaufaktivitäten aus der Vergangenheit werden nun solange auch in der Zukunft erwartet, bis der Kurs den Handel unterhalb dieser Marke beendet und diese damit neutralisiert oder sogar ins Gegenteil – in diesem Fall in einen Widerstand – umfunktioniert wird.

Kurzinfo

Aktuelle, charttechnische Analysen und Handelsausblicke finden Sie regelmäßig unter http://research.trading-stars.de/.

Die Geschichte der Technischen Analyse

In den 1880er Jahren veröffentlichte Charles Dow seine „Dow Theory“ im Wall Street Journal als Handwerkszeug für Analysten. Er beschäftigte sich darin mit den einzelnen Trendzyklen in verschiedenen Zeitebenen und notierte seine Erkenntnisse. Bis heute gültig stellen diese Grundlagen die Geburtsstunde der Technischen Analyse dar. In den 1930er Jahren kam die Elliot-Wellen-Theorie mit dem Fokus auf mathematische Berechnungen und der Nutzung der Fibonacci-Zahlenfolge hinzu. Ab der 1980er Jahren verstärkte das Aufkommen von Computern die Verbreitung der Technischen Analyse stark, sodass auch der Einfluss auf alle Händlergruppen zunahm. Bis heute gelten die historischen Annahmen von Dow und Elliott als Grundlagen der Charttechnik und auch ihre Wirkung scheint sich weiter zu entfalten. Größere Marktakteure wie zum Beispiel Fonds ziehen Kurs- und Volumenbewegungen und deren Muster zunehmend in Kombination mit der klassischen Fundamentaluntersuchung zu Rate und bestärken so den Einfluss der „Technik“ weiter. Kritiker sehen dagegen immer schneller agierende vollautomatische Algorithmen im Vorteil. Die zunehmende Intelligenz dieser lässt jedoch eine starke Konkurrenz der „Algos“ entstehen – die neuesten Systeme erkennen andere „Automaten“ und machen es sich zum Ziel diese auszunutzen und schließlich zu zerstören. Wir beobachten eine entsprechende Kurzlebigkeit in diesem neuen Trading-Bereich und bauen daher auch weiterhin auf die Beständigkeit der professionellen Technischen Analyse.

Strömungen und Methoden

Neben der klassischen Charttechnik mit ihren Widerständen, Unterstützungen und anderen Mustern gibt es eine Vielzahl von Strömungen innerhalb der Technischen Analyse. Wir gehen dabei davon aus, dass jeder dieser Ansätze für bestimmte Händlergruppen seine Daseinsberechtigung hat, die Masse der privaten Trader jedoch innerhalb dieses breiten Werkzeugkastens nur beschränkt Verwendung finden kann. In Deutschland wurde in den letzten Jahren insbesondere die sogenannte „Markttechnik" populär. Michael Voigt beschreibt dabei in seinem „Großen Buch der Markttechnik" und in der Reihe „Der Händler" die Trendlehre und den trendfolgenden Handel und kombiniert die alte „Dow-Theorie" erfolgreich mit der Analyse von Candlesticks und weiteren Bestandteilen. Auch die Kombination der Chartttechnik mit fundamentalen Analysemethoden wie zum Beispiel den Saisonalitäten oder bestimmten Wirtschaftskennzahlen wird vielmals erfolgversprechend vollzogen.

Charttechnik vs. Fundamentalanalyse

Die Fundamentalanalyse fokussiert sich im Gegensatz zur Technischen Analyse nicht auf den (historischen) Börsenkurs. Sie wertet relevante betriebswirtschaftliche und ökonomische Daten aus dem Umfeld des betrachteten Basiswerts aus. Die Fundamentalanalyse ermittelt einen „fairen" oder „inneren" Wert und damit ein Kursziel. Sie schätzt also einen aktuellen Börsenkurs im Hinblick auf den „fairen" Wert als unterbewertet, überbewertet oder angemessen ein. Es werden fundamentale Kennzahlen wie zum Beispiel die Dividendenrendite oder das Kurs-Gewinn-Verhältnis ermittelt. Man wertet dabei beispielhaft die Bilanz und den Ausblick einer Aktiengesellschaft aus und ermittelt so ein rechnerisches Kursziel. Je nachdem ob der Börsenkurs darüber oder darunter notiert, agiert man am Finanzmarkt. Aus unserer Sicht macht die Fundamentalanalyse für private Trader wenig bis keinen Sinn da Informations-, Auswertungs- und Interpretationsdefizite zu den professionellen Marktteilnehmern bestehen.

Sinnhaftigkeit und Vorteile der Technischen Analyse

Kursbewegungen entstehen immer dann, wenn viele oder große Marktteilnehmer in dieselbe Richtung agieren und somit eine preisliche Veränderung zwischen Angebot und Nachfrage verursachen. Die Technische Analyse ermöglicht es verschiedenen Marktteilnehmern auf ähnlichen oder gleichen Kursniveaus zu agieren und somit den Preis gemeinsam zu beeinflussen. Nutzen viele Marktteilnehmer ähnliche oder gleiche Analysegrundsätze, so kommen diese auch zu ähnlichen oder gleichen Rückschlüssen und agieren demnach gemeinsam. Je mehr Marktteilnehmer die Technische Analyse nutzen und nach deren Signalen handeln, desto besser funktioniert diese Art des Börsenhandels. Dabei liefert die Charttechnik konkrete Kursziele, Einstiege sowie Stops (Ausstiege im Verlustfall) und lässt sich dabei mit mathematischen Berechnungen aus der Statistik wie auch fundamentalen Methoden kombinieren. Alle Marktteilnehmer haben, im Gegensatz zur fundamentalen Analyse, zeitgleichen und kostengünstigen Zugang zu allen relevanten Informationen. Damit wird eine gewisse Fairness erreicht. Zudem ist die Charttechnik relativ leicht zu erlernen und es gibt ein großes Repertoire an Fortbildungsmöglichkeiten bei denen alle Zeitebenen und Marktteilnehmer Beachtung finden.

Abbildung 2: DAX Performance Index im Tageschart. In der Technischen Analyse liest und hört man regelmäßig von der „200-Tage-Linie" und deren enormer Relevanz bei der Einordnung von Trend und Verfassung eines Basiswerts. Doch weshalb beachten Finanzmarktexperten diesen gleitenden Durchschnitt und warum scheint auch der Kurs magisch darauf zu reagieren? Da der Wert eines börsengehandelten Basiswerts meist schwankt, ist es für Marktteilnehmer von Interesse einen Durchschnittswert zu ermitteln und so eine Art „fairen Kurs" zu bestimmen. Da nahezu alle Akteure, egal ob Spekulanten oder Investoren, auf diese gleitenden Durchschnitte achten, finden oftmals gebündelte Aktionen an diesen Preislevels statt. Aufgrund dieser „Schwarmintelligenz" kommt es regelmäßig zu entsprechenden Kursbewegungen, welche die Beachtung erneut ver- und bestärken. Somit können wichtige gleitende Durchschnitte sowohl als Widerstand und Unterstützung für Erholungen, als auch als Signal für einen Durchbruch, gelten. In der Abbildung steuert der deutsche Leitindex DAX im Frühjahr 2014 mit Kursverlusten auf die „200-Tage-Linie" (EMA200) zu. Mit touchieren dieser Marke wird die Bewegung von den Marktteilnehmern gedreht und der vorliegende, übergeordnete Aufwärtstrend kann sich fortsetzen (1). Als der Trendfilter schließlich auf Tagesschlusskursbasis unterschritten wird (2) folgen dynamische Verkäufe. Eine erneute Rückeroberung der Bullen (3) führt zu einem Re-Test (4) und Kursgewinnen, wogegen das nächste Unterschreiten (5) panikartige Verluste nach sich zieht.

Abbildung 3: DAX Performance Index im Stundenchart. Diese wichtige Funktion des 200er-Durchschnitts zeigt sich auch im kurzfristigen Chartbild – der deutsche Leitindex wird vom EMA200 gen Norden „getragen".

Übung 1

Fügen Sie verschiedene, wichtige gleitende Durchschnitte, wie zum Beispiel EMA´s mit den Perioden 100 und 200, in Ihre Chartbilder ein und prüfen Sie eine Vielzahl von Basiswerten und Zeitebenen auf mögliche Kursreaktionen. Diese müssen nicht immer markant oder auf den ersten Blick erkennbar sein. In lang anhaltenden Seitwärtsphasen verblasst der Wirkungsgrad von GDL´s zunehmend.

Abbildung 4: S&P 500 im Wochenchart. Im langfristigen Chartbild stoppt der marktbreite US-Leitindex S&P 500 seinen Abverkauf mit einem doppelten Boden direkt am 200-Wochen-Durchschnitt (EMA200). In der Praxis handelt der trendfolgende Trader bei Kursen über den Filter-Linien nur in die Long-Richtung, bei Notierungen darunter stellt er diese Positionen glatt und wechselt mit Leerverkäufen auf die Short-Seite.

Nachteile der Technischen Analyse

Wo Vorteile sind gilt es auch immer die Nachteile zu kennen denn die Charttechnik ist durchaus fehlbar. Der zukünftige Wandel der Märkte kann nicht abgebildet werden und es gibt oftmals verschiedene Interpretationsmöglichkeiten. Eine Treffsicherheit oder Eintrittswahrscheinlichkeit hängt in großem Maße vom persönlichen Können und der Erfahrung des einzelnen Analysten ab. Zudem bedeutet Charttechnik allein noch kein erfolgreiches Handeln an der Börse da viele wichtige Einflussfaktoren, wie zum Beispiel ein professionelles Risiko- und Money-Management von Nöten sind. Die Hilfestellung der Technischen Analyse kann und muss daher mit anderen Methoden kombiniert werden. Dies ist jedoch auch für den einzelnen, privaten Trader realistisch umsetzbar, sodass die Vorteile aus unserer Sicht überwiegen.

Kapitel 2

Der Chart in seiner Grundform

Nachdem wir im ersten Kapital kurz umrissen haben was die Technische Analyse ist, was sie kann und warum wir sie nutzen sollten, wollen wir nun den ersten, einfachen Schritt in die Praxis wagen. Wenn dieser auch simpel erscheinen mag, ist er doch umso elementarer für Ihren Erfolg sodass wir großen Wert auf die korrekten Grundlagen der Charteinstellungen legen sollten. Die Qualität ihrer Analysen hängt dabei direkt von der Qualität ihrer Werkzeuge, und damit auch der verwendeten Chartsoftware, ab. Qualität heißt jedoch nicht unbedingt teuer – achten Sie auf ein gutes Preis-Leistungsverhältnis. Trading und Analyse sollten stets voneinander getrennt werden da offene Handelspositionen eine Meinung in uns bilden und wir die Analyse nicht mehr objektiv vornehmen können. Die Kursdatenqualität muss unbedingt im Vordergrund Ihrer Wahl stehen, da diese Grundlage für die Berechnung von Indikatoren und Handelsmarken ist. Eine kostenlose Chartsoftware wird meist vom Broker angeboten – oftmals treffen wir hierbei auf den MetaTrader 4 (MT4). Diesen sollten Sie jedoch nur für das Trading, also die Erteilung und Verwaltung von Handelspositionen nutzen. Eine kostenlose, semiprofessionelle Analysesoftware bietet guidants.com, eine preiswerte Profi-Variante mit bester Kursdatenversorgung finden Sie unter tradesignalonline.com (hier im Buch verwendet).

Die Preis- und Zeitachse

Die Preisachse (x-Achse) befindet sich meist rechts, eher selten links oder beidseitig neben der Chartgrafik. Hier wird der Punkte- oder Kursstand in der Abrechnungseinheit, also zum Beispiel US-Dollar oder Euro, skaliert dargestellt. Indizes werden oftmals mit der Abkürzung „XXP“ angegeben – dies steht für den Punktestand. Die Zeitachse (y-Achse) finden Sie dagegen unterhalb der Chartgrafik.

Logarithmische und lineare Skalierung

Nicht nur Anfänger, sondern erschreckenderweise auch medial präsente Profis, machen häufig einen gravierenden Fehler bei der Darstellung ihrer Charts. Es gibt grundsätzlich zwei verschiedene Skalierungen: die arithmetische (lineare) und die logarithmische Skalierung. Viel zu häufig ist die arithmetische Skalierung anzutreffen. Dies mag daran liegen, dass sie auf den ersten Blick sehr plausibel erscheint. Sie stellt den Kurs eines Währungspaares oder Basiswerts linear gemessen in Pips oder Punkten dar. Mit anderen Worten: Der Abstand von 1,30 EUR/USD zu 1,40 EUR/USD ist auf der y-Achse genauso groß wie der von 1,60 EUR/USD zu 1,70 EUR/USD. Es scheint als sei der Weg vom jeweils unteren zum oberen Punkt bei beiden Abständen gleich. Wer kurz den Taschenrechner bemüht, stellt schnell fest, dass ein Kursanstieg von 1,30 auf 1,40 rund 7,7 Prozent umfasst. In Pips ausgedrückt legt der Markt 1.000 Einheiten zurück. Ebenfalls 1.000 Pips sind es von 1,60 bis 1,70. Der prozentuale Anstieg beläuft sich hier allerdings nur auf rund 6,2 Prozent. Was auf den ersten Blick unwichtig erscheinen mag entpuppt sich immer wieder als systematischer Analysefehler. Viele der Instrumente die in der Technischen Analyse angewendet werden basieren auf Verhältnissen, sodass speziell beim Einsatz von Zeichenwerkzeugen leicht optische Fallen auftreten. Ein Beispiel: Wer in einen arithmetisch skalierten Chart eine Trendlinie mit einem Winkel von 45 Grad einzeichnet glaubt einen Markt zu sehen dessen Aufwärtstrend stabil ist – schließlich ist die Trendlinie eine Gerade. In Wahrheit aber nimmt der Schwung des Marktes, der dieser Linie folgt beziehungsweise durch sie repräsentiert wird, laufend ab. Logarithmische Skalierungen berücksichtigen dieses Phänomen. Alle Trader, die auf der Grundlage technischer Marktanalysen ihre Entscheidungen fällen wollen, sollten deshalb ausschließlich Charts mit logarithmischer Skalierung verwenden.

Kurzinfo

Ein kurzes Beispielvideo zur grundlegenden Einrichtung der Handelsplattform MetaTrader 4 (MT4) und der Analysesoftware tradesignalonline.com von Beginn an finden Sie unter http://trading-made-in-germany.de/videos.

Darstellungsformen der Kurse

Die Kursdaten können innerhalb der Chartgrafik verschiedenartig dargestellt werden. Bekannt und viel verwendet sind dabei Linien- oder Kerzencharts (Candlesticks). Liniencharts sind dabei jedoch für eine professionelle Analyse nicht zu empfehlen da sie lediglich aus dem Periodenschlusskurs gebildet werden – in einem Tageschart wird beispielsweise nur der letzte Kurs eines Handelstages festgeschrieben. Kerzencharts beinhalten dagegen alle relevanten Preisstellungen (Eröffnung, Hoch, Tief und Schluss) und reduzieren zudem die wichtigsten, weil volumenvalidierten, Kurse auf den Körper einer jeden Kerze. Die Dochte und Lunten der Kerzen, also die jeweiligen Extrema innerhalb der Betrachtungsperioden, werden oftmals zufällig oder durch Nachrichtenereignisse generiert und sollten daher relativiert dargestellt werden.

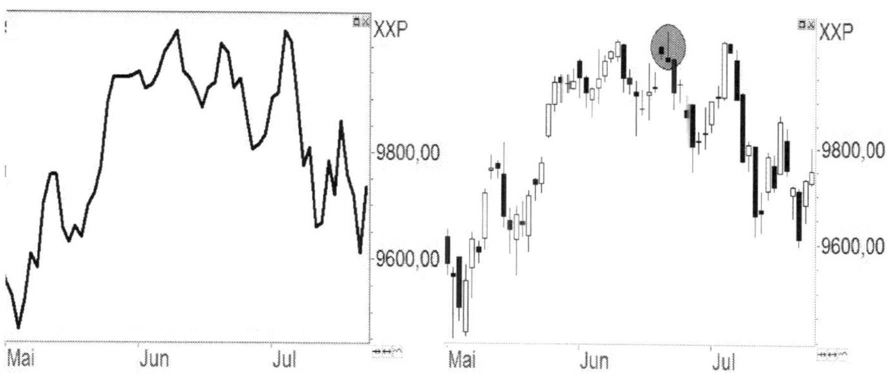

Abbildung 5: DAX Performance Index, Linienchart vs. Candlestick-Chart. Während das 2014er Sommerhoch im DAX im Linienchart als Doppeltop in den linken und rechten Teilen des „Dreizacks“ dargestellt wird, sehen wir im rechten Kerzenchart das echte Verlaufshoch im Juni.

Darstellungsformen der Zeit

Auch der Betrachtungszeitraum kann frei gewählt werden, sollte jedoch sinnvoll sein. Als wichtige, viel beachtete und damit signalgebende Zeiteinheiten gelten in absteigender Rangfolge der Wochenchart (W1), der Tageschart (D1), der 4-Stunden-Chart (H4) und der Stundenchart (H1). Die Historie ist dabei wie folgt zu wählen: im Wochenchart werden mehrere Jahre (in der Regel zwei bis drei) analysiert, wogegen im Tageschart nur noch das letzte Handelsjahr Beachtung findet. Im Stundenchart sollten Sie rund eine Woche rückwärtigen Raum betrachten.

Der richtige Basiswert – Kennung und Kürzel von Aktien und Co.

Achten Sie immer penibel genau auf die richtige Auswahl des Basiswerts und die korrekte Abrechnungseinheit oder Währung. So werden in vielen unprofessionellen Chart-Programmen oftmals US-amerikanische Aktien in Euro dargestellt oder ähnliche Fehler gemacht. Zudem gibt es zu vielen Basiswerten eine Vielzahl an derivativen Produkten oder ähnlichen Bezeichnungen. Suchen Sie daher immer mit einer Wertpapierkennnummer wie WKN, ISIN, US- oder Terminbörsenkürzel, welche, wenn sie Ihnen nicht bekannt ist leicht in der Suchmaschine Ihres Vertrauens zu finden ist.

Der richtige Handelsplatz – Auswahl der Börse

Oftmals werden Basiswerte an verschiedenen Börsen- oder Handelsplätzen und in unterschiedlichen Abrechnungseinheiten taxiert. Achten Sie hier unbedingt auf die Wahl der sogenannten Heimatbörse, also dem liquidesten Handelsplatz, denn nur dieser hat charttechnische Relevanz. Dark-Pools, OTC- oder Nebenbörsen sollten hierbei nicht gewählt werden. Nutzen Sie im Zweifelsfall das Handelsvolumen als Hilfsmittel zur richtigen Auswahl. Größere deutsche Aktien werden vornehmlich im elektronischen XETRA-System gehandelt, wogegen Nebenwerte zum Teil und in eher seltenen Fällen im Frankfurter Parketthandel zu finden sind. Bei US-Aktien müssen Sie prüfen, ob der Titel mehr an der NYSE oder an der Nasdaq gehandelt wird denn viele Papiere werden in beiden Systemen gelistet und taxiert.

Kapitel 3

Marktteilnehmer und Zeiteinheiten

An den weltweiten Finanzmärkten agieren verschiedenste Gruppen mit unterschiedlichen Zielen. Alle diese Akteure lassen sich auch im Chartbild wieder finden, zum Teil sehr leicht zum Teil nur mit Mühe. Es ist wichtig die Interessen, Kapitalausstattungen und Anlagehorizonte dieser Händler zu kennen um den Geldfluss, hin zu Rendite, so richtig einschätzen zu können. Generell gilt es dabei zunächst den übergeordneten „Blick vom Feldherrenhügel" zu wagen um sich dann bis zur signalgebenden Einheit „hineinzuzoomen" und so den Handel gegen die „großen Fische" zu vermeiden.

Die Marktteilnehmer an den Finanzmärkten

Wir können die Vielzahl an Marktakteuren nach ihrem jeweiligen Anlagehorizont und der Kapitalausstattung einordnen. Die kurzfristigsten Händler sind dabei sicherlich die Arbitrageure, gefolgt von den „Scalpern". Im mittelfristigen Bereich finden sich private und institutionelle Trader, erste Absicherungsgeschäfte mit physischem Hintergrund und Hedgefonds wieder. Langfristig orientiert und mit der größten „Kriegskasse" ausgestattet agieren Banken, Unternehmen, Kommunen, Versicherungen, Fonds, Pensionskassen, Staaten und Zentralbanken. Generell gilt dabei, je größer die Anlagesumme, desto höher die Zeitebene im Chartbild.

Übung 2

Versetzen Sie sich in zwei Gruppen von Marktteilnehmern hinein. Zunächst in die Pensionskasse eines Großkonzerns mit moderaten und konservativen Renditezielen, später in eine Fluggesellschaft, welche sich am Terminmarkt gegen Öl- und Kerosinpreisschwankungen absichern muss. In welchen Zeiteinheiten im Chartbild agieren Sie und warum?

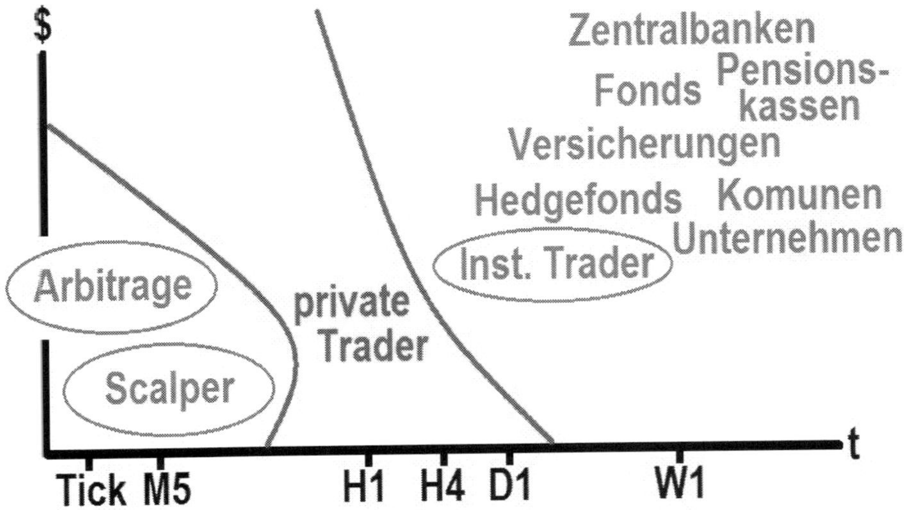

Abbildung 6: Die Marktteilnehmer an den Finanzmärkten. Die Arbitrageure und Scalper sind kurzfristig orientierte Exoten und arbeiten meist erfolgreich mit wenig Kapitaleinsatz und hochspezialisierten Strategien in den Tick- und Minutencharts. Positionen haben dabei nur kürzeste Haltedauern, Gewinne werden aus wenigen Ticks generiert und auch das Risiko ist meist mit voll- oder halbautomatischen Handelssystemen auf kürzeste Strecken im Chartbild begrenzt. Die großen Fische schwimmen dagegen eher behäbig und nutzen, wenn überhaupt, die Zeiteinheiten der Wochen- und Monatscharts. Institutionelle Trader und Hedgefonds nutzen diese großen Bewegungen aus und versuchen sich vor dieser Masse zu positionieren. In den H4- und Tagescharts werden die mittleren Trendgrößen gehandelt. Private Trader agieren dagegen oftmals im „Nirwana“ zwischen diesen beiden kurz- und langfristigen, professionellen Händlergruppen. Die Zeitebenen vom 5-Minuten-Chart bis hoch zu den Stundencharts sind geprägt von zufälligen Bewegungen, News-Einflüssen und Fehlsignalen. Das Erzielen von nachhaltigen Gewinnen ist daher oftmals schwer und eine Orientierung an den übergeordneten Zeiteinheiten unbedingt zu empfehlen.

Die Multi-Time-Frame-Analyse

Die enorme Wichtigkeit der übergeordneten Geldflüsse und Zeiteinheiten wird spätestens mit der Betrachtung der einzelnen Marktteilnehmer klar und findet daher in der Multi-Time-Frame-Analyse Beachtung. Dabei analysieren wir zunächst die großen Chartbilder und arbeiten uns in die kurzfristigeren Zeitebenen vor. Mit der Analyse von Wochen- und Monatscharts ordnen wir die übergeordnete Trendlage eines Basiswerts ein – wir verschaffen uns den „Blick vom Feldherrenhügel". Hierbei werden mehrere Jahre rückwertiger Raum betrachtet. Im Kapitel 5 lernen Sie die Hilfe der Trendfilter bei der Einschätzung von Chartbildern und die Umsetzung in der „Trading-Matrix" praktisch kennen. Im nächsten Schritt zoomen wir uns an den Tageschart heran und können hier „das Einzelgefecht" untersuchen. Hier wird deutlich wo und wann sich ein Investment lohnen kann. Wir gehen sodann tiefer in die Zeiteinheiten bis hin zur signalgebenden. Das kann je nach persönlicher Präferenz dann der 4-Stunden- oder Stundenchart, bis hin zum 5-Minuten-Chart, sein.

Die Relevanz der Schlusskurse

Achten Sie bei der Analyse immer darauf, dass die aktuelle Betrachtungsperiode auch wirklich abgeschlossen ist. Die Wochenkerze ist damit erst am Freitagabend beendet und kann erst dann ausgewertet und analysiert werden. Im Tageschart gilt dies ebenso – erst am Handelsende und mit dem letzten Kurs des Tages kann die D1-Kerze bewertet werden.

Übung 3

Notieren Sie sich Ihre persönlichen, signalgebenden Zeiteinheiten im Trading. Handeln Sie auf Basis von 5-Minuten-Kerzen oder aus dem Tageschart heraus? Prüfen Sie nun, welche übergeordneten Zeiteinheiten relevant sein könnten und demnach zunächst zu analysieren sind.

Wochen- und Tageslinien

Aufgrund der Relevanz der Schlusskurse bilden sich Wochen- und Tageslinien im Chartbild. Diese können fortlaufend in der Analyse und im Trading genutzt. Dabei sind die übergeordneten OHLC-Kurse (Open, High, Low, Close) in den tieferen Zeiteinheiten im Chart einzuzeichnen.

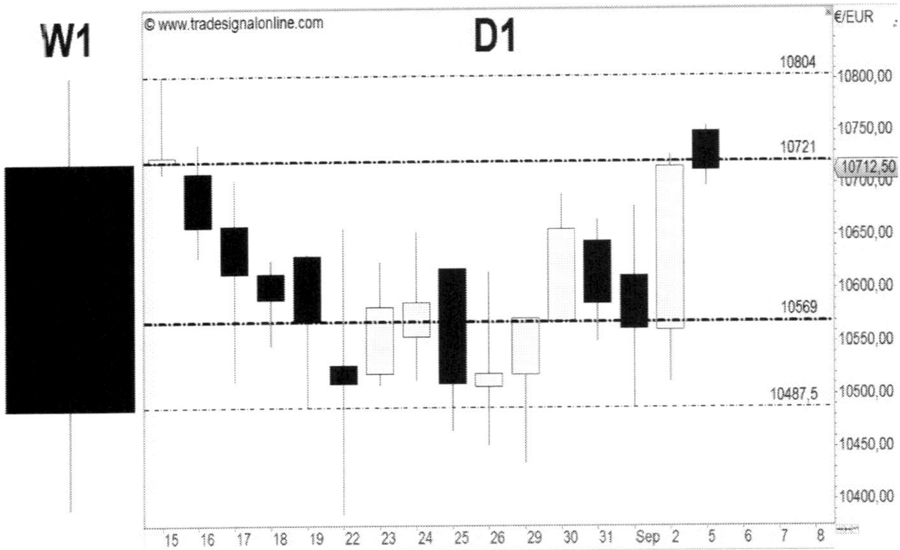

Abbildung 7: DAX-Future im Tageschart mit Wochenlinien. Die Wochenlinien der Vorwoche erweisen sich auch für die zukünftige Kursentwicklung als relevant. Sie können als Widerstände, Unterstützungen und Signalgeber verwendet werden.

Kurzinfo

Ein kurzes, erklärendes Beispielvideo zum praktischen Einsatz von Wochen- und Tageslinien in der Handelsplattform MetaTrader 4 (MT4) und der Analysesoftware tradesignalonline.com finden Sie kostenlos unter http://trading-made-in-germany.de/videos.

Kapitel 4

Die klassische Charttechnik

Die klassische Charttechnik untersucht den vergangenen Kursverlauf und ermittelt so potenzielle Kursreaktionslevel. Dabei kommt eine Vielzahl von Linien, Mustern und Formationen zum Einsatz. Wir stellen im folgenden Kapitel die wichtigsten und vor allem praktischsten Methoden aus der klassischen Technischen Analyse vor. In der Regel lassen sich in einem Basiswert viele verschiedene Chartmuster und –formationen finden. Ihr Chartbild sollten Sie dabei zu keiner Zeit überfrachten und nur aktuelle, also für die zukünftige Kursentwicklung relevante, Informationen kenntlich machen.

Literaturempfehlungen

Professioneller Börsenhandel, Erdal Cene

Technische Analyse der Finanzmärkte, John Murphy

Kursziele bestimmen mit Fibonacci, Karin Roller

Das große Buch der Markttechnik, Michael Voigt

Die jeweiligen Links zu den Büchern und unsere aktuelle Bestenliste der Börsenliteratur finden Sie unter http://trading-made-in-germany.de/links-infos.

Widerstände und Unterstützungen

Horizontale, historische Preisreaktionslevel in allen Zeiteinheiten nennen wir oberhalb der aktuellen Notierungen Wiederstände und unterhalb des jetzigen Kurses Unterstützungen. Generell gilt dabei, je mehr Auflagepunkte, also Bestätigungen, eine solche Linie erfahren hat, desto stärker wird diese auch für die Zukunft erwartet und gewertet.

Abbildung 8: DAX Performance Index im Tageschart. Bei 10.457 Punkten hatte sich im deutschen Leitindex DAX ein horizontaler Widerstand ausgebildet. Nach einem erneuten Abpraller an diesem Kursniveau wird der Widerstand mit einem Tagesschlusskurs darüber neutralisiert und für den weiteren Handelsverlauf zur Unterstützung. Auch diese wurde bereits zweifach bestätigt und gewinnt damit an Stärke für die Bullen.

Abbildung 9: Goldpreis (Spot) im Wochenchart. Wir klassifizieren die Qualität einer Horizontallinie in der Dicke ihrer Darstellung im Chartbild. So werden mehrfach bestätigte Widerstände auch für die Zukunft als starker Widerstand gewertet. Die einzelnen Bestätigungen einer Horizontallinie können sowohl von oben, als auch von unten erfolgen. Im Goldpreis sind dies derzeit die Marke um 1.401,2 US-Dollar, welche im Jahre 2013 dreimalig angehandelt wurde, und insbesondere der Bereich um 1.564,3 US-Dollar als starker Cluster-Widerstand. Professionelle Analysten setzen Horizontallinien dabei nie an den Hochs und Tiefs der einzelnen Kerzen, sondern nur an den volumenvalidierten Körpern der Candlesticks, an.

Kurzinfo

Ein kurzes Beispielvideo zum praktischen Einsatz von Widerständen und Unterstützungen in der Handelsplattform MetaTrader 4 (MT4) und der Analysesoftware tradesignalonline.com finden Sie kostenlos unter http://trading-made-in-germany.de/videos.

Die Trendlinien

Trendlinien machen ansteigende oder abfallende, historische Preisreaktionslevel deutlich und stützen (Linie unter dem Kurs) oder deckeln (Linie über dem Kurs) den Kursverlauf. Sie bedürfen unbedingt der logarithmischen Chartskalierung. Bei der Anwendung sollte eine gewisse fachliche Unschärfe gelten dürfen, denn die Kursbildung hält sich nicht immer punktgenau an die Trendlinien. Generell gilt zudem, dass horizontale Widerstände und Unterstützungen eine höhere Güte haben als ansteigende oder abfallende Linien. Nur nachhaltige, also mehrfach bestätigte Trendlinien sollten in der Analyse und im Trading Beachtung finden.

Abbildung 10: Deutsche Bank im Tageschart. Bis in den Juni 2016 hinein wurde die Abwärtstrendlinie in der Aktie der Deutschen Bank bereits vier Mal bestätigt. Die jüngste Kurserholung nimmt den Widerstand zur Kenntnis und prallt erneut ab. Die Trendlinie ist damit auch weiterhin intakt und Verkäufe sind beim abermaligen touchieren einzuplanen.

Abbildung 11. Brent-Öl-Future im Tageschart. Trendlinien werden durch Brüche auf Periodenschlusskursbasis neutralisiert oder in ihrer Funktion umgekehrt – diese Brüche kündigen sich oftmals im Voraus durch eine Abflachung der Dynamik an. Im Gegensatz zu den Horizontallinien werden Trendlinien an den Extrema, also den Kerzenhochs- und Tiefs, angesetzt.

Kurzinfo

Ein kurzes, erklärendes Beispielvideo zum praktischen Einsatz von Trendlinien und Trendkanälen in der Handelsplattform MetaTrader 4 (MT4) und der Analysesoftware tradesignalonline.com finden Sie kostenlos unter http://trading-made-in-germany.de/videos.

Trendkanäle

Auf- oder absteigende Trendkanäle werden aus zwei parallel oder zumindest in ähnlicher Steigung verlaufenden Trendlinien gebildet. Diese begrenzen den Trendkanal auf der Ober- und Unterseite sodass die zukünftige Kursentwicklung eingeschätzt werden kann.

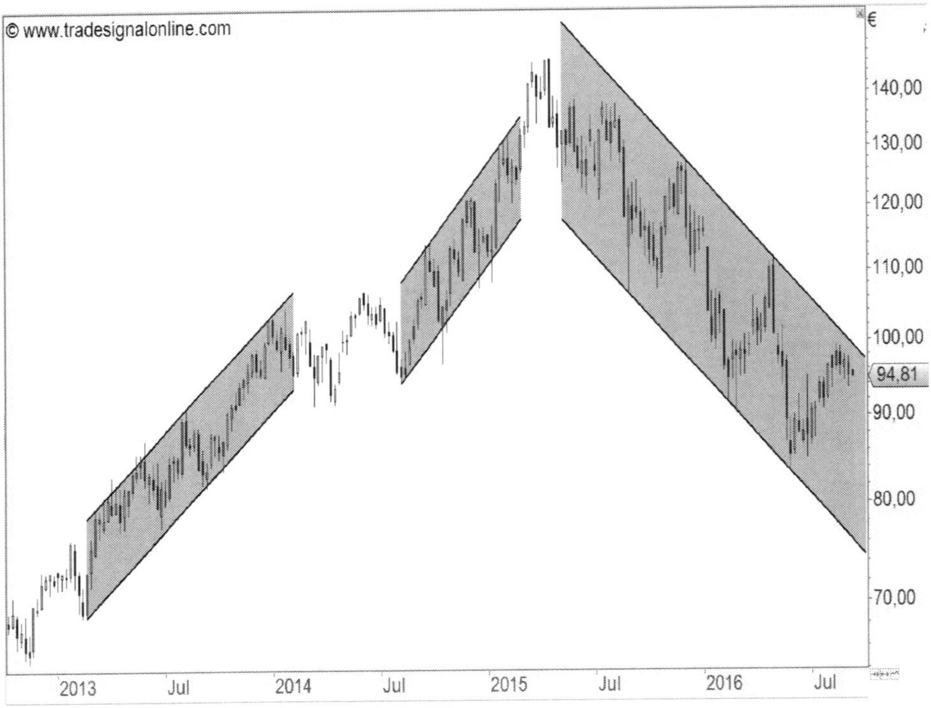

Abbildung 12: Bayer im Wochenchart. Während die Bayer-Aktie im langfristigen Chartbild gerade innerhalb eines intakten Abwärtstrendkanals verläuft, zeigt sich die jüngste Erholung im Tageschart auch in einem Trendkanal, dieser jedoch gen Norden gerichtet (vgl. Abbildung 13). Beide sind als aktiv zu werten und haben für den zukünftigen Ausblick bestand.

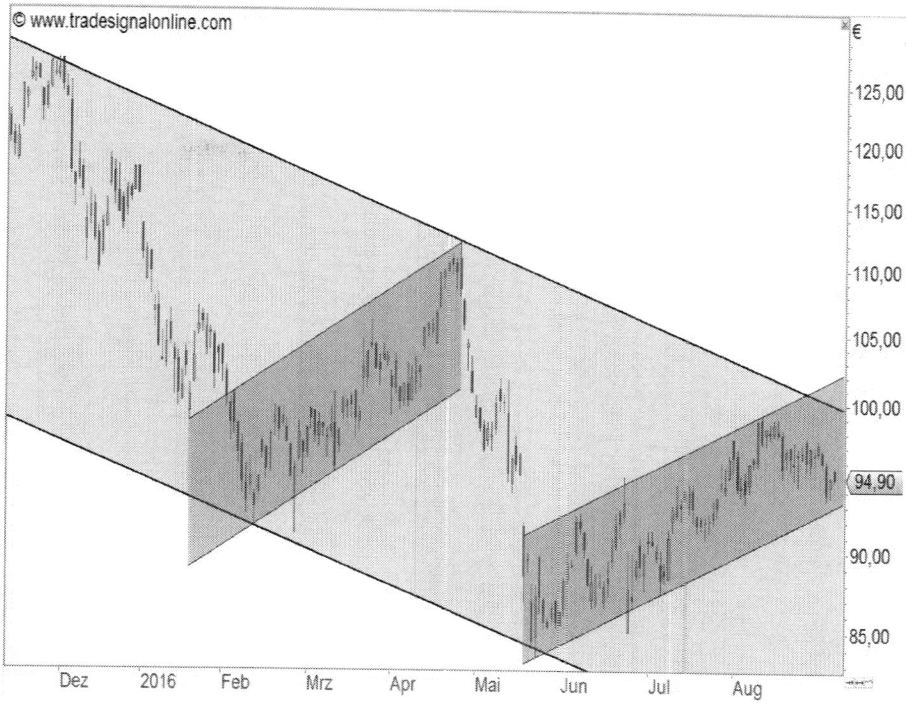

Abbildung 13: Bayer im Tageschart: Manche Basiswerte, wie zum Beispiel hier unsere Bayer-Aktie, laufen sehr trendig und halten sich oftmals und sehr lange in Trendkanälen auf. Andere Wertpapiere tendieren dagegen eher trendlos, sodass auch hier die Vergangenheit ein Schluss auf die verwendeten Analysemethoden geben kann.

Übung 4

Untersuchen Sie das langfristige Chartbild der BMW-Aktie auf relevante Horizontal- und Trendlinien sowie das Vorkommen von intakten Kanälen. Die Lösung dieser Aufgabe finden Sie unter http://trading-made-in-germany.de/uebungen-loesungen.

Abbildung 14: USD/JPY (Spot) im Tageschart. Die Marktteilnehmer im Währungspaar USD/JPY greifen den Trendkanal regelmäßig an, können diesen jedoch nicht auf Tagesschlusskursbasis verlassen sodass dieser auch weiterhin intakt ist. Ein Trendkanal wird jedoch bei einem „Aufbrechen" nicht neutralisiert – ein Rückfall in den Kanal hinein ist daher regelmäßig zu beobachten.

Ausbrüche und Fehlausbrüche

Ausbrüche und damit die Anfechtung von bestehenden Trendlinien müssen, wie bereits beschrieben, immer auf Periodenschlusskurs geschehen. Um sich jedoch vor sogenannten Fehlausbrüchen zu schützen sollte eine Bestätigung des Ausbruchs in den nächsten Kerzen erfolgen.

Abbildung 15: Die Aufwärtstrendlinie wird zunächst nach unten hin gebrochen. Mit dem nächsten Abverkauf wird dieser Bruch preislich bestätigt und gilt damit als nachhaltig.

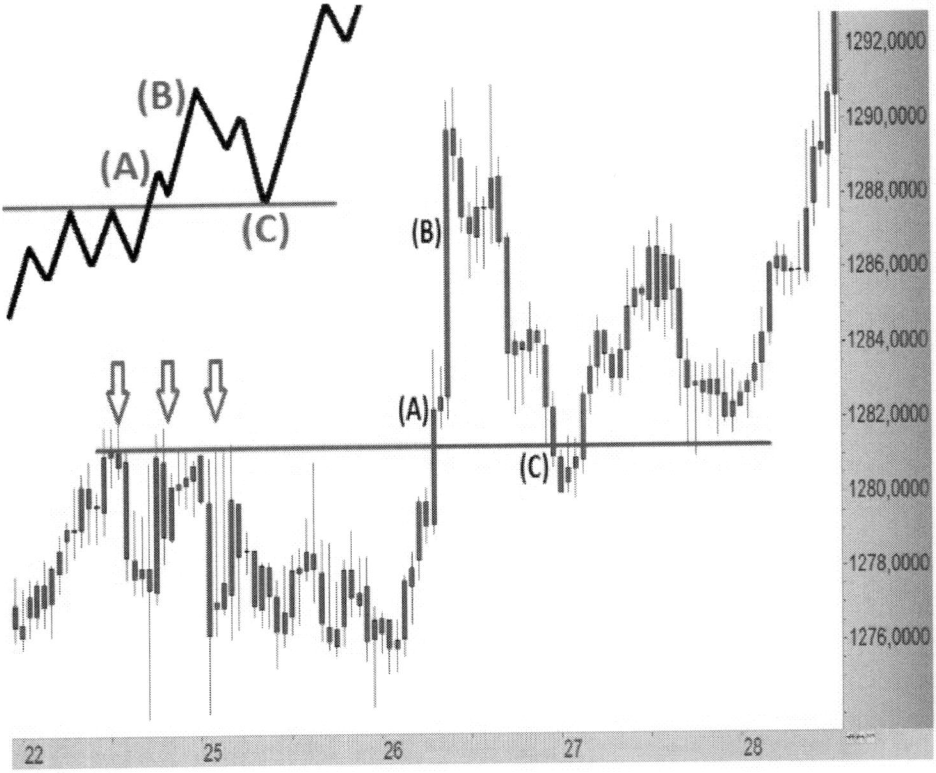

Abbildung 16: Eine horizontale Widerstandslinie im Goldpreis wird im Stundenchart von den Bullen angegriffen (A) und der Ausbruch bestätigt (B). Oft ist im weiteren Verlauf jedoch eine Erholung zu beobachten, denn der Ausbruch hat die Käuferseite viel Kraft gekostet. Da sich der vormalige Widerstand zur Unterstützung umfunktioniert, sollte die Korrektur dort ein Ende haben – der übergeordnete Trend kann sich in der Regel fortsetzen.

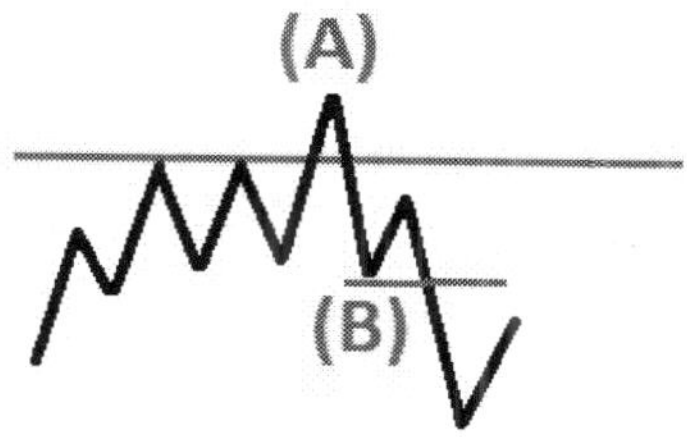

Abbildung 17: Auf Fehlausbrüche weißen dagegen Kerzen mit langen Dochten und Lunten hin. Dabei reicht der Kerzenkörper nicht über die Trendlinie hinaus – die Angriffskraft der Marktteilnehmer hat demnach nicht bis zum Periodenschlusskurs gereicht und ein Abpraller ist wahrscheinlich (A). Auch Fehlausbrüche sollten Bestätigung finden (B).

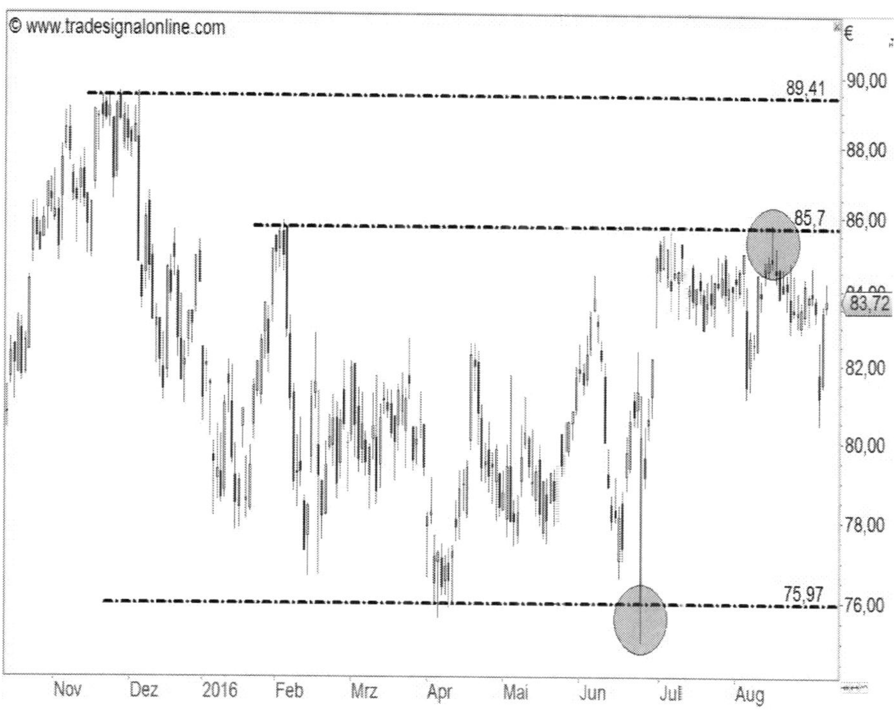

Abbildung 18: Beiersdorf im Tageschart. In der Beiersdorf-Aktie haben zuletzt sowohl Bullen als auch Bären versucht die Horizontallinien anzugreifen, sind jedoch mit Fehlausbrüchen gescheitert.

Abbildung 19: Dow Jones im Wochenchart. Während die Bären im US-Leitindex Dow Jones mit zwei Fehlausbrüchen versagt haben, konnten die Bullen an der Oberkante kontern und den Ausbruch nachhaltig auf ein neues Allzeithoch heben – das Kaufsignal hat bestand. Der vormalige Widerstand bei rund 18.273 Punkten wurde zudem bereits zweifach von oben bestätigt und gewinnt dadurch an Stärke.

Abbildung 20: Adidas im 4-Stunden-Chart. Eine besonders hohe Qualität und einen starken Trendfortsetzungscharakter haben Ausbrüche in Form von Kurslücken.

Chartmuster und Formationen

Neben den Trendlinien gibt es innerhalb der klassischen Charttechnik auch eine große Anzahl an Mustern und Formationen die mit erhöhter Wahrscheinlichkeit einen bestimmten Kursverlauf hervorrufen. Die bekannteste ist dabei sicherlich die Schulter-Kopf-Schulter-Formation (SKS). Sie tritt häufig im Chartbild auf und ist relativ leicht zu analysieren und schließlich auch zu handeln.

Die Schulter-Kopf-Schulter-Formation (SKS)

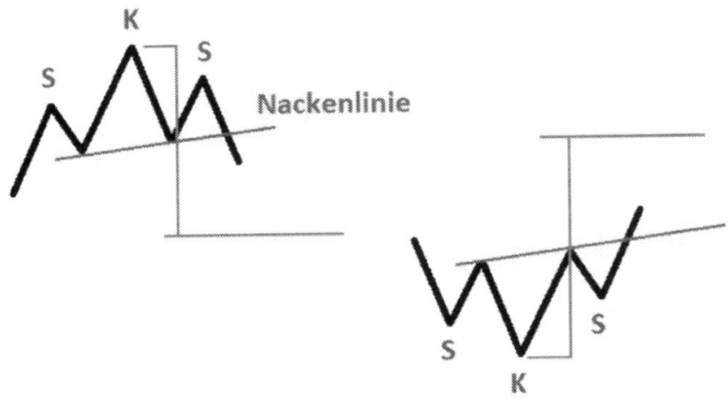

Abbildung 21: SKS-Formation, klassisch und invers. Die klassische SKS-Formation hat einen Trendwendecharakter und beendet den vorliegenden Aufwärtstrend, abgelöst von einer Korrektur oder einem Trendbruch. Die Nackenlinie gilt dabei als Signalgeber wenn sie auf Periodenschlusskursbasis unter- oder überschritten wird. Das Kursziel der Formation ergibt sich aus der einfachen Projektion der Spanne vom Kopf zur Nackenlinien nach unten oder oben hin angetragen. Einen bullischen Ausblick generiert die inverse SKS-Formation (rechts). Im Trading wird der Stop-Loss meist über (Short) oder unter (Long) der letzten Schulter platziert.

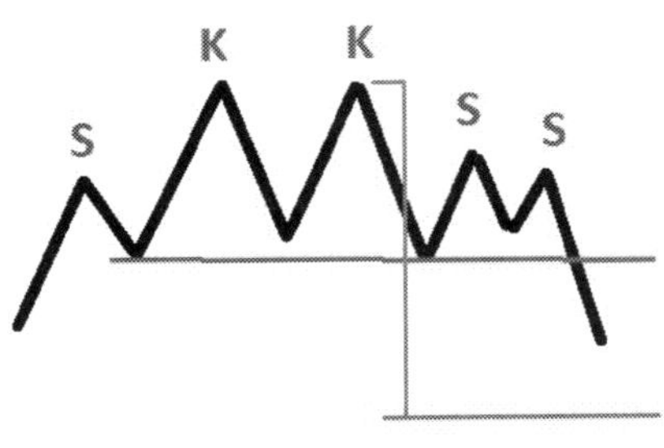

Abbildung 22: SKS-Formation, Variation. SKS-Formationen tauchen nicht immer lehrbuchhaft im Chartbild auf, sondern können auch verzerrt oder nicht korrekt ausgebildet vorkommen.

Abbildung 23: Allianz im Tageschart. Die Abverkäufe werden jeweils durch die Aktivierung einer klassischen SKS-Formation generiert

Kurzinfo

Ein kurzes, erklärendes Beispielvideo zum praktischen Einsatz von Chartmustern und -formationen in der Handelsplattform MetaTrader 4 (MT4) und der Analysesoftware tradesignalonline.com finden Sie kostenlos unter http://trading-made-in-germany.de/videos.

Abbildung 24: Deutsche Post im Wochenchart. Die Anleger der Deutschen Post können sich im langfristigen Chartbild über ein Kaufsignal freuen. Die nachhaltig aktivierte, inverse SKS-Formation hat einen bullischen Ausblick. Das Kursziel lässt sich mit Hilfe der Spannen-Projektion bei 34,50 Euro ermitteln. Ein Stop-Loss könnte unterhalb der rechten Schulter bei 23,50 Euro platziert werden und der Einstieg bei einem Rücklauf an die Nackenlinie erfolgen. Damit kann der Analyst aus nur einem Chartmuster alle für das Trading relevanten Informationen ziehen und die SKS-Formation autark handeln.

Dreiecke

Ansteigende oder abfallende Dreiecksformationen bilden in der Regel eine Erholung ab und gelten daher als in der Regel trendfortsetzend. Sich verengende Dreiecke bedeuten einen Druckaufbau bei abnehmender Volatilität sodass erst mit einem Ausbruch wieder mit Dynamik gerechnet werden kann. Bei sich ausweitenden Dreiecken steigt dagegen die Schwankungsintensität und Fehlsignale sind zu erwarten.

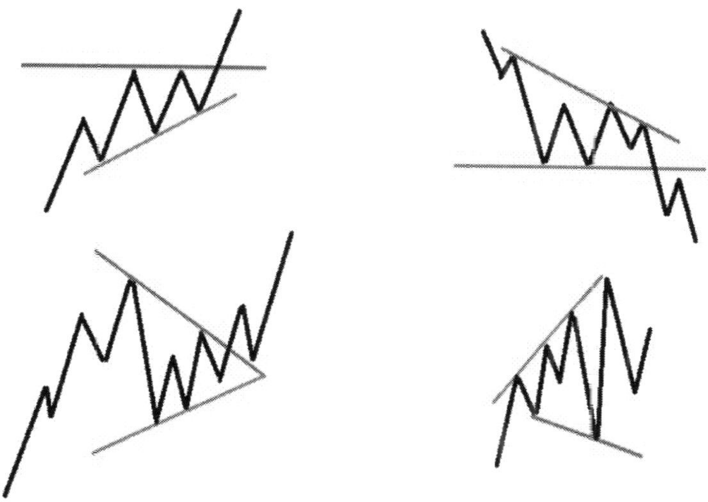

Abbildung 25: Dreiecksformationen. Dreiecke treten häufig auf und haben Trendfortsetzungscharakter.

Übung 5

Untersuchen Sie das langfristige Chartbild des Währungspaares EUR/JPY auf aktuell relevante und vergangene Dreiecksformationen jeglicher Ausprägung. Die Lösung dieser Aufgabe finden Sie unter http://trading-made-in-germany.de/uebungen-loesungen.

Abbildung 26: Bund-Future im Tageschart. Im Bund-Future bilden sich zuletzt regelmäßig Dreiecke aus. Der vorherrschende Trend erholt sich in dieser Zeit und baut unterhalb eines Horizontalwiderstands Druck auf bis dieser schließlich gen Norden hin abgebaut wird und die Kurse steigen. Im Moment bildet sich ein erneutes, bullisches Dreieck aus.

Kurzinfo

Der Bund-Future (Kürzel FGBL) ist ein Terminkontrakt mit der Basis eines synthetischen Korbes aus langfristigen Schuldverschreibungen des Bundes mit einer Nominalverzinsung von sechs Prozent und einer Restlaufzeit von 8,5 – zehn Jahren. Er gibt damit Auskunft über die Entwicklung des langfristigen Zinsniveaus in Deutschland.

Abbildung 27: Volkswagen Vz. im Wochenchart. Auch die Volkswagen-Vorzüge können sich nach einem Kurssturz aufgrund schlechter Nachrichtenlage in Form eines ansteigenden Dreiecks erholen. Ein Ausbruch über den Deckel hinaus hellt das Chartbild langfristig deutlich auf.

Kurzinfo

Einige Konzerne werden an der Börse mit zwei unterschiedlichen Arten von Papieren taxiert, den Stamm- und den Vorzugsaktien. Wie groß der Unterschied in der Kursentwicklung tatsächlich sein kann zeigte sich bei der Volkswagen-AG im Oktober 2008. Als Porsche überraschend bekannt gab, Zugriff auf rund 74 Prozent der VW-Anteile zu haben, stiegen die Notierungen der Stammaktien zeitweise um mehr als 300 Prozent an - die Vorzugsaktien verloren dagegen sogar an Wert. Die Technische Analyse blickt bei der Auswahl des richtigen Basiswerts rein auf das Handelsvolumen und berücksichtigt in der Regel nur den liquideren Wert – bei VW also die Vorzüge mit dem Zusatz „Vz“.

Flaggen

Auch Flaggen stellen Korrekturelemente innerhalb eines intakten, übergeordneten Trends dar und setzen diesen in der Regel nach Auflösung der Formation fort. Sie treten häufig und verlässlich in Form von temporären Kanälen entgegen des Trends auf und gelten daher als dankbare Muster.

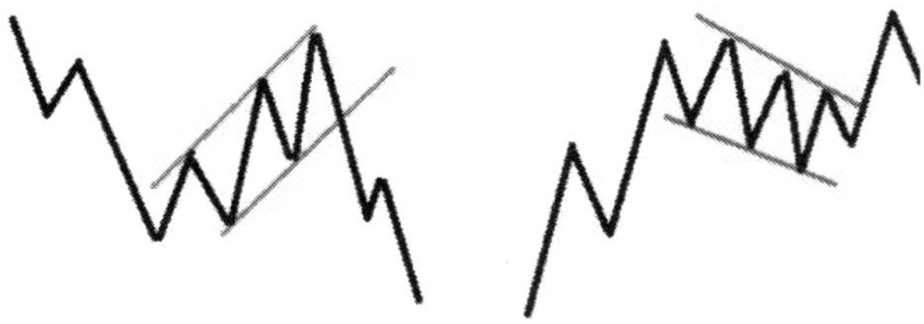

Abbildung 28: Bullische und bärische Flaggen.

Abbildung 29: GBP/USD (Spot) im Tageschart. Der intakte Aufwärtstrend wird regelmäßig doch nur temporär von Korrekturflaggen unterbrochen.

Doppeltop und Doppelboden

Abbildung 30: Doppeltop und Doppelboden.

Eine Stop- und Trendwende-Funktion können doppelte Tops oder Böden haben. Auch hier sind weitere Variationen, wie zum Beispiel ein dreifacher Boden („Triple"), denkbar und wie immer gilt, je mehr Bestätigungen desto stärker die erwartete Wirkung im Chartbild.

Abbildung 31: DAX Performance Index im Tageschart. Ein doppelter Boden wird ausgebildet und stoppt in seiner Funktion als starke Unterstützung den Abverkauf der Vormonate.

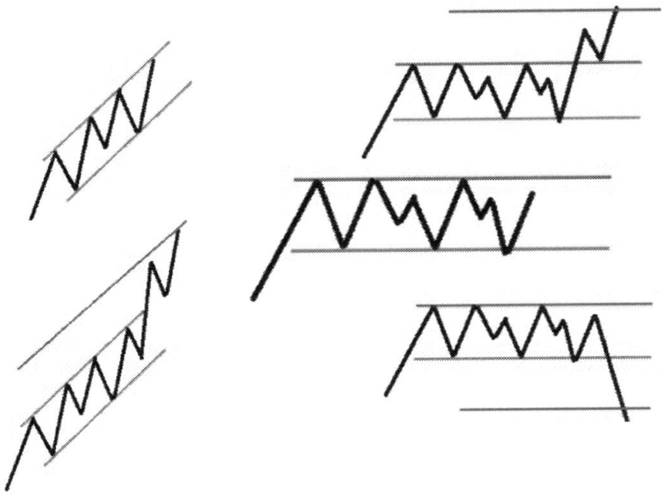

Abbildung 32: Verschiedene, einfache Kursspannen und Kurszielprojektionen.

Oftmals bilden sich Kursspannen, sogenannte Ranges, in horizontaler, ansteigender oder abfallender Form aus. Besonders häufig treffen wir auf Seitwärtsphasen. Mit Hilfe dieser Spannen lassen sich einfache Kursziele projizieren und somit Widerstände und Unterstützungen ermitteln. Dazu trägt man die bisherige Spanne nach einem Ausbruch erneut in gleichem Maße an. Diese Methode eignet sich beispielsweise für die Ermittlung von Take-Profits, Teilverkäufen oder Kursreaktionslevels.

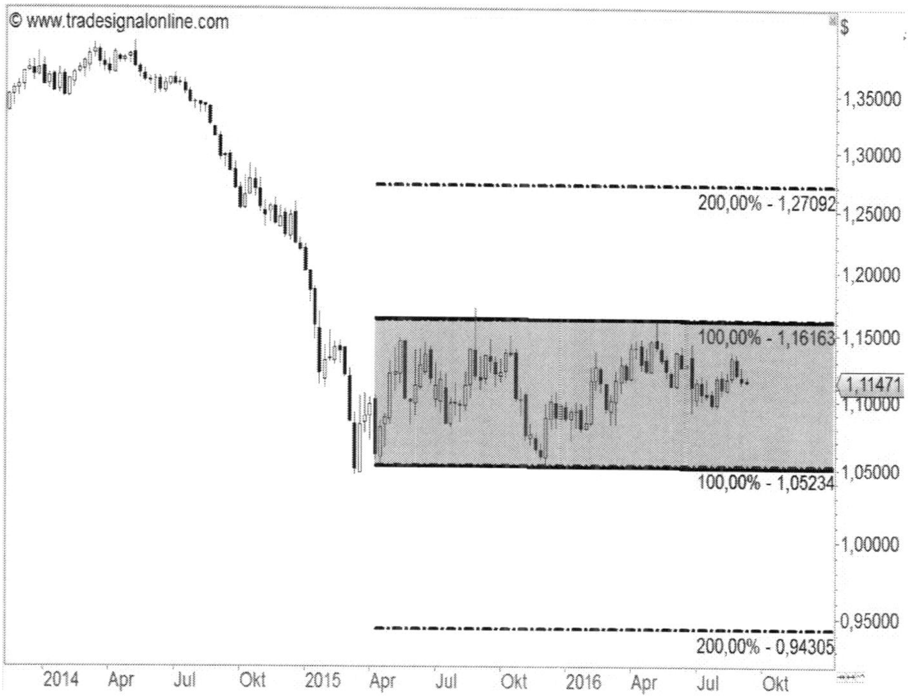

Abbildung 33: EUR/USD (Spot) im Wochenchart. Das Major-Währungspaar EUR/USD bewegt sich nun schon seit vielen Monaten innerhalb einer Seitwärtsspanne. Wird diese nachhaltig aufgebrochen, ergeben sich Kursziele sowohl auf der Ober- als auch auf der Unterseite.

Übung 6

Fertigen Sie eigene, 2-fache Spannenprojektionen mit Hilfe des Fibonacci-Tools in Chart- und Handelssoftware an.

Kombination klassischer Methoden

Oftmals lassen sich innerhalb eines Chartbilds verschiedenste Ansätze klassischer, charttechnischer Methoden miteinander kombinieren. Dabei gilt, zusammenpasst was Sinn ergibt und sich nicht gegenseitig widerspricht. Sie sollten das Chartbild dabei jedoch nicht überfrachten.

Abbildung 34: GBP/USD (Spot) im Tageschart. Nach dem „Brexit-Event" ist das britische Pfund in US-Dollar stark gefallen und der Chart ist neu einzuschätzen. Dabei wurden hier zunächst horizontale Widerstands- und Unterstützungslevel eingezeichnet. Zudem konnte sich der Kurs bei 1,2880 US-Dollar in Form eines doppelten Tiefs stabilisieren und in eine Seitwärtsphase übergehen. Wir haben gelernt, dass sich hierbei Spannenprojektionen zur Ermittlung von Kurszielen anbieten und wir so Zielmarken sowohl für einen bullischen wie auch einen bärischen Ausbruch finden können.

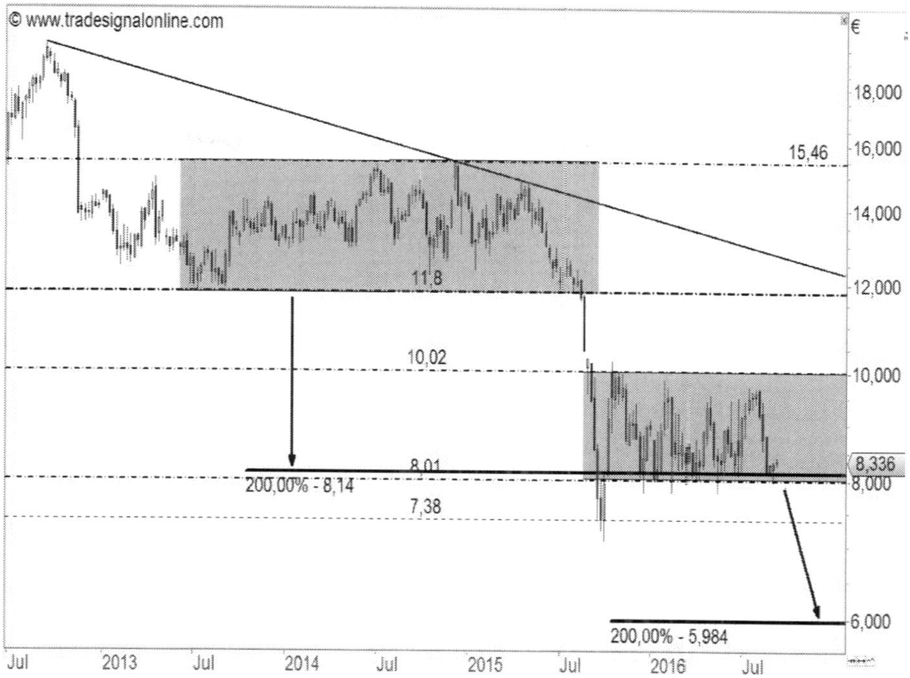

Abbildung 35: E.ON SE im Wochenchart. Mit der Auflösung einer langjährig ausgebildeten Seitwärtsrange erlebte die E.ON-Aktie im Sommer des Jahres 2015 einen fulminanten Kursrutsch. Dabei wurde das technische Projektionsziel bereits abgearbeitet – der Kurs ist seither in einer neuerlichen Schiebezone gefangen. Ein Wochenschlusskurs unterhalb der Unterstützung bei 8,01 Euro aktiviert das nächste Short-Ziel nahe der 6-Euro-Marke. Ausbrüche an der Oberkante der Range haben dagegen 11,80 Euro zum Ziel. Für einen Leerverkauf bietet sich daher eine Stop-Loss-Absicherung über der Range an.

Kurzinfo

Ein kurzes, erklärendes Beispielvideo zur praktischen Kombination klassischer Methoden in der Handelsplattform MetaTrader 4 (MT4) und der Analysesoftware tradesignalonline.com finden Sie kostenlos unter http://trading-made-in-germany.de/videos.

Kapitel 5

Trendlehre und Trenduntersuchung mit Filtern

Wertpapiere bewegen sich aus preislicher Sicht nahezu immer innerhalb von Trends. Diese setzen sich solange aus Bewegungselementen, gefolgt von Korrekturen zusammen, bis der Trend beendet ist und ein neuer entstehen kann. Betrachtet man dagegen den Faktor Zeit so tendieren viele Basiswerte in der Masse der Historie eher seitwärts sodass wir auch dies zur Kenntnis nehmen und untersuchen müssen. Das schnelle Visualisieren von Trends ist ein unabdingbares Mittel um Basiswerte technisch zu untersuchen und die richtigen Schlussfolgerungen zu treffen. Dabei gilt es zunächst, die vorliegende Trendrichtung zu bestimmen - also die Laufrichtung und den Geldfluss des betrachteten Wertpapiers. In der Folge muss die Verfassung des Trends (Progressions- oder Regressionsbewegung), die Intensität (dynamisch oder schwach) und die Volatilität (Schwankungsintensität) gemessen und eingeschätzt werden. Das Verhalten verschiedener gleitender Durchschnitte zueinander und zum Preis kann alle diese Elemente schnell und einfach bestimmen.

Übung 7

Prüfen Sie den vorliegenden Trend im EUR/USD-Tageschart mit Hilfe Ihrer bisherigen Methoden auf Richtung und Verfassung.

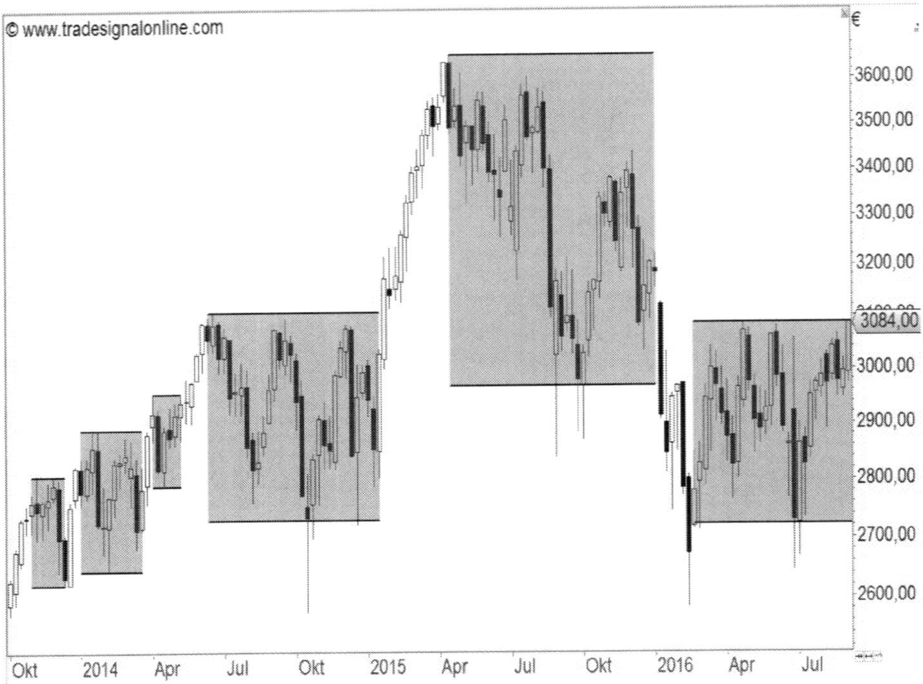

Abbildung 36: Euro STOXX 50 Future im Wochenchart. Aus preislicher Sicht liegt bis Mitte des Jahres 2015 ein Aufwärtstrend vor, dieser mündet sodann in einen Abwärtstrend. Betrachtet man jedoch den Faktor Zeit tendiert der Future in der Masse seiner Handelswochen eher seitwärts oder entgegen der vorliegenden, übergeordneten Laufrichtung. Trendfolgende Händler haben also ohne Filtermöglichkeiten einen klaren Nachteil in nahezu allen Basiswerten.

Kurzinfo

Der Terminmarkt, oder auch Futures-Handel genannt, gilt als Königsdisziplin im Börsenhandel. Im Gegensatz zum bekannten Spot- und Kassamarkt (wie zum Beispiel bei klassischen Aktien) erfolgt sowohl die Erfüllung, die Lieferung und auch die Bezahlung des gehandelten Basiswerts erst in der Zukunft - man spricht auch von "Terminwetten". Der Euro STOXX 50 Future hat das Kürzel „FESX".

Trendlehre

In der Regel liegen in allen Basiswerten über- und untergeordnete Geldflüsse, also Trends, vor. Kapital sucht ständig nach der besten Rendite und Sicherheit und fließt in Schüben bis zu einem temporären Erschöpfungspunkt um sich sodann zu erholen und alsbald erneut Fahrt in die bisherige Laufrichtung aufzunehmen. Neben Trendphasen kennen wir jedoch auch seitwärts gerichtete Märkte, sogenannte Schiebezonen, ohne nachhaltige Dynamik. Nachfolgend charakterisieren wir die drei Möglichkeiten von Trends.

Übung 8

Analysieren Sie den DAX-Kursindex im langfristigen Chartbild auf den vorliegenden, übergeordneten Geldfluss und bestimmen Sie entsprechend den Trend.

Kurzinfo

Der wenig beachtete DAX-Kursindex mit dem Kürzel „DAXK" gilt unter professionellen Marktteilnehmern als Vorläufer für den deutschen Leitindex DAX. Im Gegensatz zum bekannten Benchmark DAX Performance Index fließen in die Berechnung des Kursindex keine Dividendenausschüttungen mit ein – ein unverzerrtes und ehrliches Chartbild entsteht.

Der Aufwärtstrend

Ansteigend verlaufende, lokale Hoch- und Tiefpunkte charakterisieren einen intakten Aufwärtstrend. Dabei sprechen wir in der Fachsprache der Börsenhändler im Bewegungsfraktal von der sogenannten Progression und im Korrekturfraktal entgegen der übergeordneten Trendrichtung von der Regression. Zwischenzeitlich sind auch Schiebephasen, also Seitwärtszonen, denkbar.

Abbildung 37: Infineon im Wochenchart. Der sauber verlaufende, intakte und übergeordnete Aufwärtstrend ist klar erkennbar und befindet sich aktuell in seiner Progressionsphase – die Aktie kann also in Richtung des vorliegenden Trends zulegen und befindet sich nicht in der Korrektur.

Abbildung 38: Infineon im Wochenchart. Auch der nächst tiefere, untergeordnete Trend ist im gleichen Chartbild bereits erkennbar und setzt sich wiederum aus einem Wechselspiel aus Pro- und Regressionsbewegungen zusammen. Wir sprechen auch vom „Trend im Trend".

Der Abwärtstrend

Entgegen dem Aufwärtstrend steht der Abwärtstrend. Dieser setzt sich aus abfallenden, lokalen Hoch- und Tiefpunkten zusammen. Von der Progression sprechen wir nun bei Bewegungen gen Süden, von der Regression bei Erholungen des Kurses. Auch hier sind zwischenzeitliche Seitwärtsphasen einzuplanen.

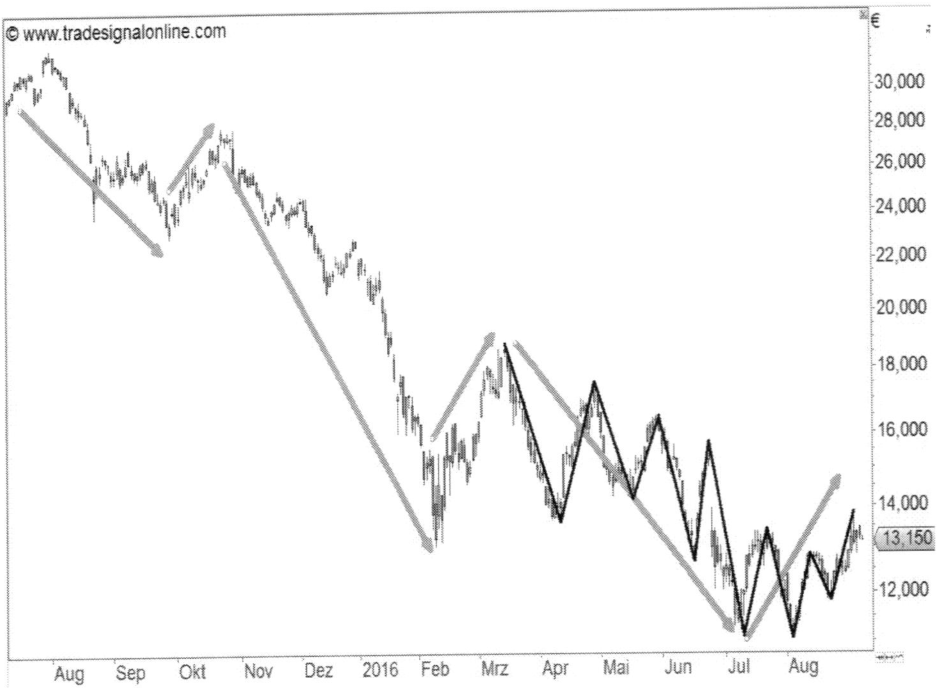

Abbildung 39: Deutsche Bank im Tageschart. Die übergeordnete Trendlage ist deutlich abwärts gerichtet. Der untergeordnete Trendverlauf versucht sich jedoch gerade an einem noch jungen Aufwärtsimpuls und schickt den großen Trend damit in die Regression, also die Erholung.

Der Seitwärtstrend

Kann sich keine nachhaltige, dynamische Kursrichtung einstellen sprechen wir von einem Seitwärtstrend. Dieser kennzeichnet sich durch keine ansteigenden oder abfallenden lokalen Hochpunkte, sondern eher durch Spannen oder schlichtweg durch chaotisch anmutende Fehlsignale und -ausbrüche im Chartbild. Auch in trendlosen Phasen entwickeln sich untergeordnet kleine aber durchaus intakte Trendlagen.

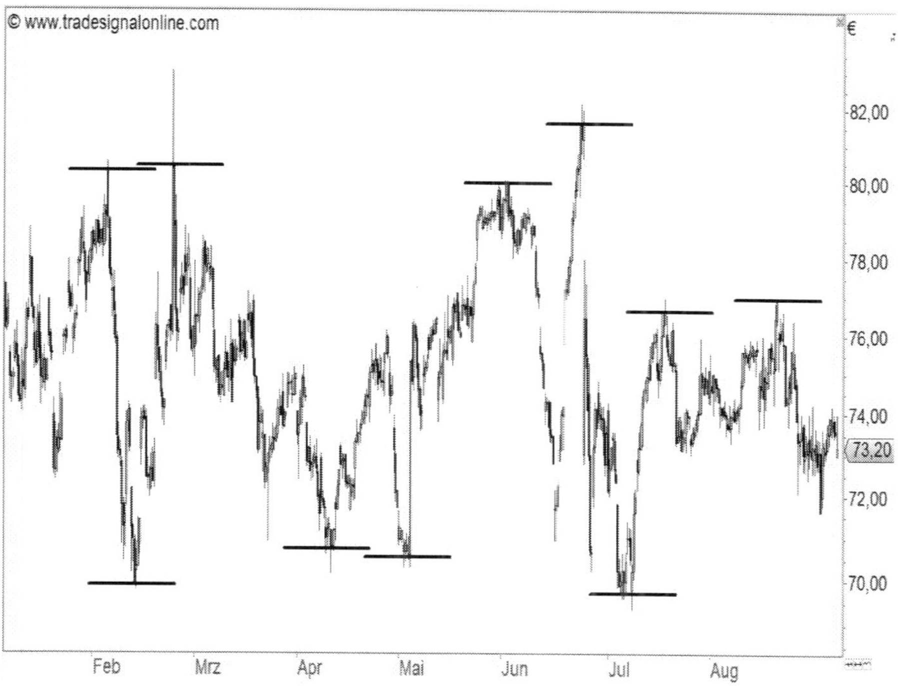

Abbildung 40: Deutsche Börse im 4-Stunden-Chart. Das Chartbild weißt eine klassische Seitwärtsphase mit für Trader schwierigen Handelsbedingungen aus. Fehlsignale an der Ober- und Unterseite sind regelmäßig zu beobachten.

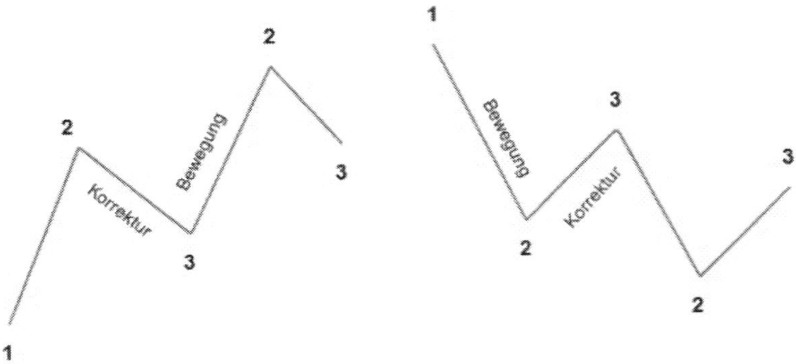

Abbildung 41: Die markttechnische 1-2-3-Punktzählung.

In Bezug auf die Trenduntersuchung und –beschreibung hat sich im deutschsprachigen Raum der Begriff „Markttechnik" eingebürgert. Diese erweitert unsere drei Trendmodelle mit der sogenannten 1-2-3-Punktzählung und ermöglicht so eine einfache Klassifizierung der einzelnen Trendgrößen im Chartbild. Dabei wird der Startpunkt eines jeden Trends mit dem Punkt 1 deklariert. In einem Aufwärtstrend werden die steigenden Hochpunkte mit dem Punkt 2 gekennzeichnet und die steigenden Tiefpunkte mit einem Punkt 3. In einem Abwärtstrend gilt das gleiche nur in umgekehrter Richtung. Die fallenden Tiefpunkte werden mit dem Punkt 2 und die fallenden Hochs mit dem Punkt 3 deklariert. Man sagt ja so schön: „Nichts währt ewig" und so ist das auch mit einem markttechnischen Trend. Früher oder später wird ein Trend gebrochen, sei es wegen fundamentaler Veränderungen in den Märkten oder anderer Interessen der Händler.

Literaturempfehlung

Trading Edition: Die Händlerreihe, Michael Voigt

Der Bestseller „Das große Buch der Markttechnik" bildet den Einstieg in die Reihe „Der Händler". Das Fachwissen wird dabei in eine spannende Romangeschichte eingebettet.

Abbildung 42: Deutsche Bank im Tageschart. Die übergeordnete, markttechnische Trendzählung (grau) läuft abwärts gerichtet. Der letzte, durch neue Tiefs bestätigte Punkt ist das mit „3“ gekennzeichnete Hoch. Der neue Punkt „2?“ kann bisher nur vermutet werden da dazu neue Tiefs notwendig wären. Steigt der Kurs vom aktuellen Niveau aus weiter an kann aus dem Punkt „2?“ auch einer neuer Aufwärtstrendimpuls „1“ werden. Dazu muss der Preis jedoch erst den grauen Punkt „3“ überwinden. Der untergeordnete Trendverlauf konnte dagegen einen bullischen Trendbruch bewirken und befindet sich nun im Aufwärtsmodus.

Übung 9

Untersuchen Sie das langfristige Chartbild der Telekom-Aktie mit Hilfe der 1-2-3-Punktzählung aus der Markttechnik. Die Lösung dieser Aufgabe finden Sie unter http://trading-made-in-germany.de/uebungen-loesungen.

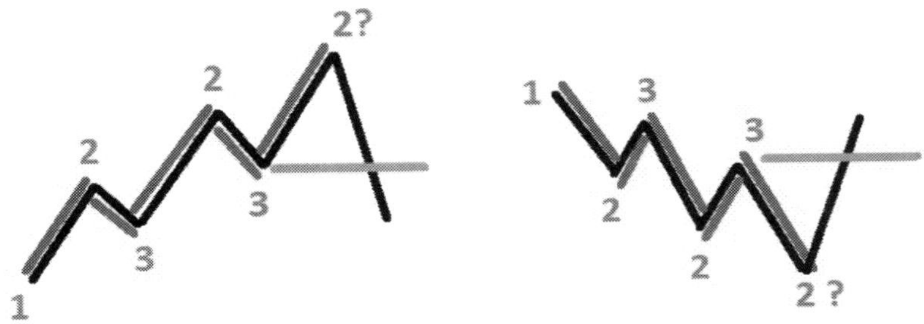

Abbildung 43: Der markttechnische Aufwärtstrend bricht mit Kursen unterhalb des jüngsten Punkt 3, der Abwärtstrend wird mit Anstiegen über den letzten Punkt 3 neutralisiert. Dies bedeutet allerdings nicht, dass gleichzeitig ein neuer Trend entstanden ist. Es muss erst zu einer Bestätigung des neuen Trends kommen. Der Kurs muss ein gültiges, neues „1-2-3" ausbilden.

Die Elliott-Wellen-Theorie

Die heute bekannte Theorie geht auf den Entwickler Ralph Nelson Elliott (1871 – 1948) zurück. Dieser beobachtete den Kursverlauf an den Märkten und war der Meinung, dass dieser bestimmten Mustern folgt. Folglich stellte er ein Regelwerk für seine Beobachtungen auf. Innerhalb der jüngeren Vergangenheit gab es keine nennenswerten Neuerungen, Weiterentwicklungen oder Veränderungen dieser Grundannahmen. In der Grundannahme geht die Theorie davon aus, dass sich Basiswerte unter massenpsychologischen Aspekten innerhalb wiederkehrender Muster aus Schwankungen bewegen. Dabei werden vergangene Beobachtungen verallgemeinert und in technisch-mathematische Regelwerke implementiert. Wie andere Methoden der Technischen Analyse ist der Nutzen im realen Handel umstritten und wurde innerhalb wissenschaftlicher Untersuchungen zum Teil sogar wiederlegt. Weiterhin unterliegt die Elliott-Wellen-Theorie verschiedenen Regeln, was die Ausprägung der einzelnen Wellen angeht und bedient sich der Verhältnisse aus der Fibonacci-Zahlenfolge. Die Elliott-Wellen-Theorie versucht das aktuelle Trendstadium auf Verfassung und Richtung zu untersuchen und daraus Schlüsse für mögliche Fortsetzungen in der Zukunft zu ziehen.

Kann man einem Basiswert einen Zustand nach dieser Methode zuordnen, so lassen sich nach dem Regelwerk Annahmen über eine wahrscheinliche Entwicklung ableiten.

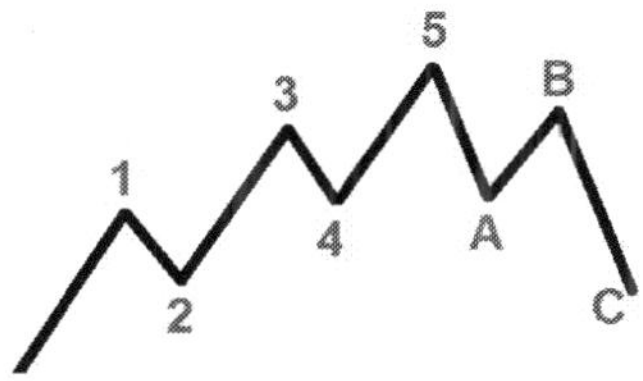

Abbildung 44: Grundlegende Trendzählung in der Elliott-Wellen-Theorie. Die Elliott-Wellen-Theorie besagt, dass Kurse innerhalb von Trends in fünf Wellen aus Antrieb und drei Wellen aus Erholung schwanken. Die Wellen 1, 3 und 5 stellen dabei die Bewegung in Richtung des Trends (Progression) dar, wogegen die Wellen 2 und 4 die jeweilige Korrektur (Regression) bedeuten.

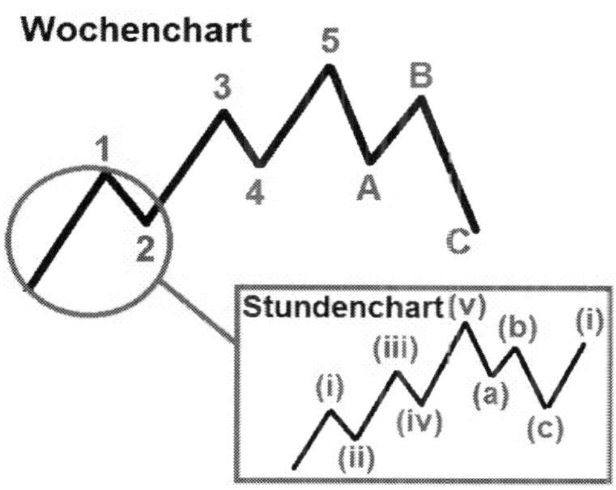

Abbildung 45: Untergeordnete Fraktale im Stundenchart bilden größere Trendstücke im Wochenchart aus. Wie in jeder technischen Untersuchung von Kursverläufen unterscheidet auch Elliott nach verschiedenen Zeitebenen und Historien. Übergeordnete Wellen gliedern sich dabei aus kleineren Fraktalen von langfristigen Charts bis hinein in den kurzfristigen Intraday-Bereich. Es gibt eine Vielzahl an weiteren Mustern und Formationen neben den Basiswellen.

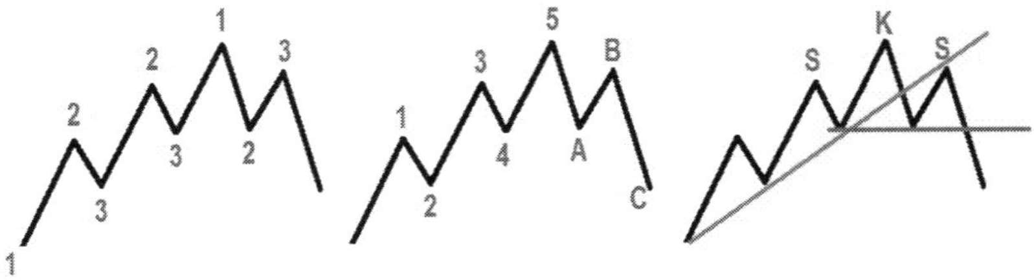

Abbildung 46: Die Problemstellung in der Technischen Analyse: von links Trendzählung nach Markttechnik; Trendzählung nach Elliott; Trenduntersuchung mit der klassischen Charttechnik. Zum Teil wiedersprechen sich die Regelwerke aus Chart- und Markttechnik mit den Annahmen der Elliott-Wellen-Theorie grundlegend. Analysten, die verschiedene Methoden nutzen können so zu widersprüchlichen Aussagen kommen.

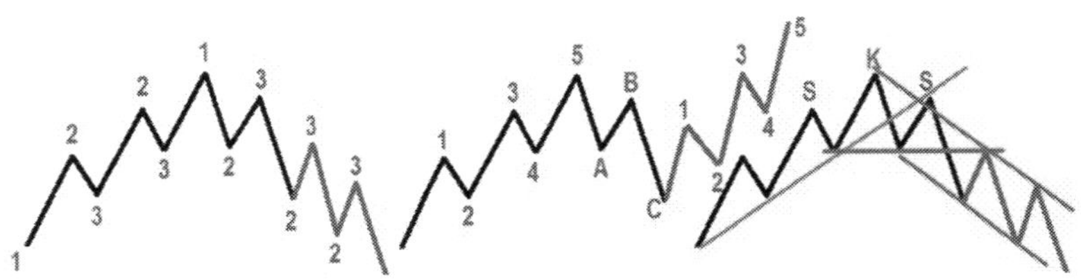

Abbildung 47: Annahmen, abgeleitet aus den verschiedenen Methoden. Während Markt- und Charttechnik von Trendbrüchen, und damit dem Wechsel in eine Abwärtstendenz, ausgehen sieht die Elliott-Wellen-Theorie lediglich eine Korrektur und geht weiter von steigenden Kursen aus. Fragt man Trader nach der Elliott-Wellen-Theorie begegnen einem entweder enthusiastische Fans oder Gegner dieser Analysemethode – ein Zwischendrin scheint es kaum zu geben. Vielleicht, weil klassische Chart- und Markttechnik zum Teil nicht mit den Wellen vereinbar sind, vielleicht aber auch, weil positive Ergebnisse bisher nicht bewiesen sind. Sicher ist jedoch, dass sich Elliott-Wellen-Trader sehr intensiv mit der Trenduntersuchung beschäftigen müssen und damit einen Gewinnvorteil ausarbeiten können. Wir gehen jedoch davon aus, dass diese Theorie nur als Ergänzung ganzheitlicher Methoden für das profitable Trading geeignet ist und ziehen die im Folgenden erklärten Trendfilter in der Praxis vor.

Gleitende Durchschnitte – klassische (Trend-)Filter

Gleitende Durchschnitte (GDL) sind einfache, mathematische Indikatoren. Sie bilden einen Mittelwert vergangener Betrachtungsperioden. Da sie den oftmals schwankenden Kursverlauf glätten und so eine vereinfachte Einschätzung ermöglichen, spricht man von einem "fairen Kurswert". Nahezu alle Marktakteure achten auf die gleitenden Durchschnitte, beziehungsweise den aktuellen Preis eines Basiswerts in Bezug auf diese. Aufgrund der freien Wählbarkeit der betrachteten Historie ist es möglich, Trendbewegungen zu filtern und zügig zu visualisieren. Oftmals werden zur gleichen Zeit verschiedene gleitende Durchschnitte zur Analyse eingesetzt und deren Verhalten zueinander und zum Kurswert untersucht. In Chartprogrammen zählen sie zu den Standard-Indikatoren und die Verwendung ist in allen Zeiteinheiten möglich. Da nahezu alle Akteure, egal ob Spekulanten oder Investoren, auf diese gleitenden Durchschnitte achten, finden oftmals gebündelte Aktionen an den Preislevels statt. Aufgrund dieser "Schwarmintelligenz" kommt es regelmäßig zu entsprechenden Kursbewegungen, welche die Beachtung erneut ver- und bestärken.

Kurzinfo

Professionelle Analysten benötigen keine Vielzahl von Indikatoren im Chartbild. Diese werden nämlich rein aus dem Preis und dem dazugehörigen Handelsvolumen der Börse gebildet und laufen diesen beiden Rohstoffen nur hinterher oder verzerren diese sogar. Gleitende Durchschnitte können die Schwankung im Kurswert filtern und stellen damit einen seltenen Mehrwert aus der Familie der Indikatoren dar. Überfrachten Sie Ihr Chartbild nicht mit weiteren, vermeintlichen „Heilsbringern" sondern lernen Sie die angenehmen Vorzüge klarer und eindeutiger Analysen aus Preis und Volumen kennen.

Einfacher gleitender Durchschnitt (SMA)

Der einfache, gleitende Durchschnitt wird auch kurz SMA genannt- diese Abkürzung stammt aus dem Englischen (simple moving average). Er bildet einen Mittelwert aus allen betrachteten Perioden und wird in der Masse von Investoren mit einem langfristigen Anlagehorizont verwendet. Als vielbeachtet gelten die Einstellungen über 200 (SMA200) und 250 Perioden (SMA250). So erhält man beispielsweise in der rückwärtigen Betrachtung von 250 Handelstagen den mittleren Kurswert von rund einem Jahr- zieht man von einem Kalenderjahr Wochenenden und Feiertage ab, so bleiben rund 250 Börsentage.

Abbildung 48: DAX Performance Index im Wochenchart. Am SMA200 sind oftmals deutliche Kursreaktionen erkennbar.

Exponentiell geglätteter, gleitender Durchschnitt (EMA)

Der exponentiell geglättete, gleitende Durchschnitt wird auch kurz EMA genannt- auch diese Abkürzung stammt aus dem Englischen (exponential moving average). Dieser berechnet den Mittelwert unserer betrachteten Zeitreihen mit abnehmenden Gewichten in die Vergangenheit. So werden die jüngeren Kursdaten stärker gewichtet, als weiter zurückliegende Werte. Unter der logischen Annahme, dass die jüngere Vergangenheit einen höheren Einfluss auf die aktuelle Preisbildung oder die zukünftige hat, scheint die Verwendung eines EMA sinnvoller als die Betrachtung eines SMA. Vor allem kurz- und mittelfristig orientierte Marktakteure verwenden daher den EMA. Als vielbeachtet gelten die Einstellungen über 20, 50, 100 und 200 (EMA200; auch „200-Tage-Linie“ genannt) Perioden.

Abbildung 49: DAX Performance Index im Wochenchart. Im Chartbild sind der SMA200 (grau) und der etwas agilere EMA200 (schwarz) eingezeichnet.

Trenduntersuchung mit Hilfe der gleitenden Durchschnitte

Wir haben nun die verschiedenen Trendmodelle und erste Untersuchungsmethoden kennengelernt. Für uns kommen weder die Markttechnik, noch die Elliot-Wellen-Theorie, für eine nachhaltig erfolgreiche Analyse in Frage, da diese Ansätze zum Teil zu kompliziert, zum Teil zu widersprüchlich und ohne direkte Ableitungen für den Trader sind. Viel einfacher und direkter anzuwenden ist dagegen die Trenduntersuchung mit Hilfe eines Bündels (Rainbow) aus vier EMA´s. Hiermit können wir alle notwendigen Trendelement der Richtung, Verfassung, Intensität und Volatilität schnell und ohne Diskussions- und Deutungsbedarf ermitteln.

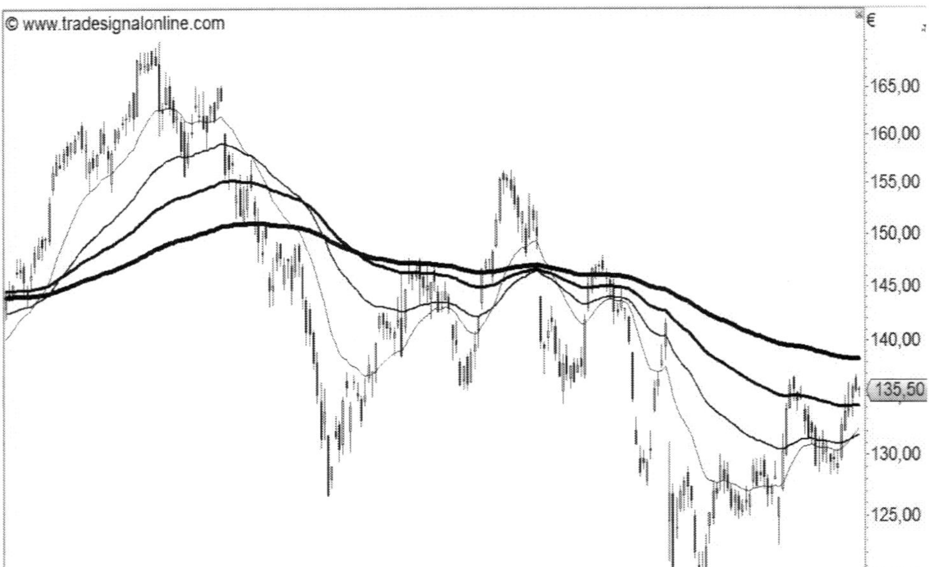

Abbildung 50: Allianz im Tageschart. In der Praxis betrachten wir dazu immer vier gleitende Durchschnitte und den Preis eines Basiswerts. Die gleitenden Durchschnitte sollten dabei exponentiell geglättet sein (EMA) und die folgenden Perioden haben: 20 (dünn), 50, 100 und 200 (dick). Es ist ratsam, die Mittelwerte mit abnehmender Periodizität visuell zu kennzeichnen (Dicke oder Färbung der Linien). Mit dem vorliegenden Bündel können wir nun die Trenduntersuchung in vier Schritten beginnen.

Richtung

Bullen- oder Bärenmarkt? Die vorliegende, übergeordnete Trendrichtung kann schnell und einfach anhand des Preises in Bezug auf den jeweils trägsten EMA (hier Periode 200) bestimmt werden. Befindet sich der aktuelle Kurswert oberhalb des EMA-Werts, sprechen wir von einem Aufwärtstrend - befindet sich der aktuelle Kurswert dagegen unter dem EMA, sprechen wir von einem Abwärtstrend. Wichtig ist dabei, den jeweiligen Schlusskurs der betrachteten Periode zu beachten - im Tageschart also der letzte Kurs des entsprechenden Handelstages.

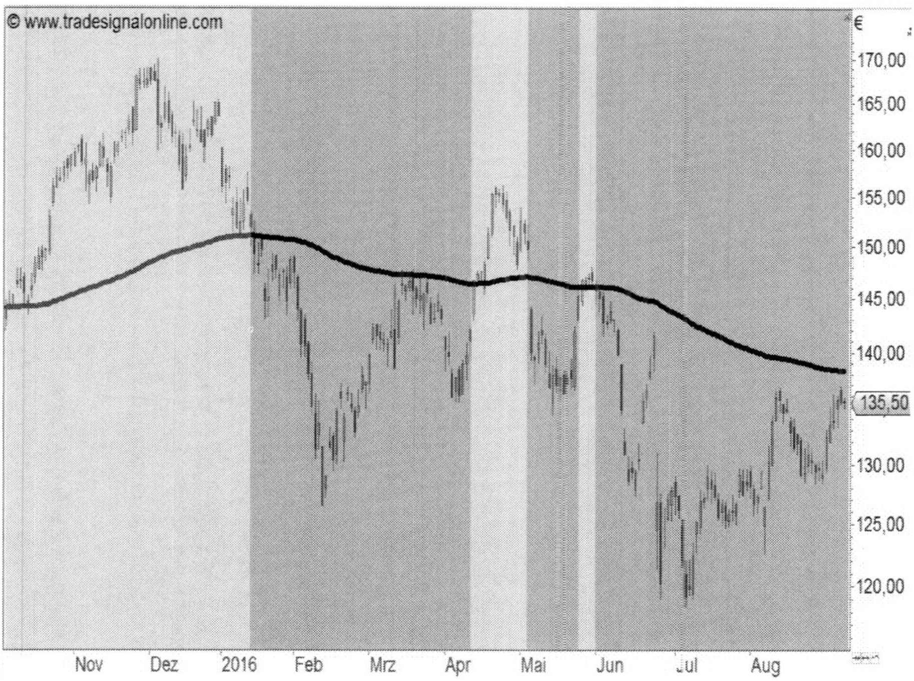

Abbildung 51: Allianz im Tageschart. Periodenschlusskurse über dem Trendfilter EMA200 signalisieren einen übergeordneten Aufwärtstrend, Preise darunter einen Abwärtstrend. Zum aktuellen Kursstand gehen wir daher von einem Verkäufermarkt aus.

Verfassung

Bewegung oder Korrektur - Progression oder Regression? Trends setzen sich fortlaufend aus Bewegungselementen in Trendrichtung (Progression) und Korrekturen entgegen der Trendrichtung (Regression) zusammen. Auch diese Phasen gilt es einfach und schnell zu bestimmen. Steigen in einem Aufwärtstrend alle vier gleitenden Durchschnitte an, sprechen wir von einer Progression. Beginnt dagegen der erste, agilste gleitende Durchschnitt abzufallen, sprechen wir von einer Regression, also der Korrekturphase. Diese hält solange an, bis wieder alle Durchschnitte ansteigen können oder der Trend, mit dem Unterschreiten des EMA 200 durch den Kurs, gebrochen wird.

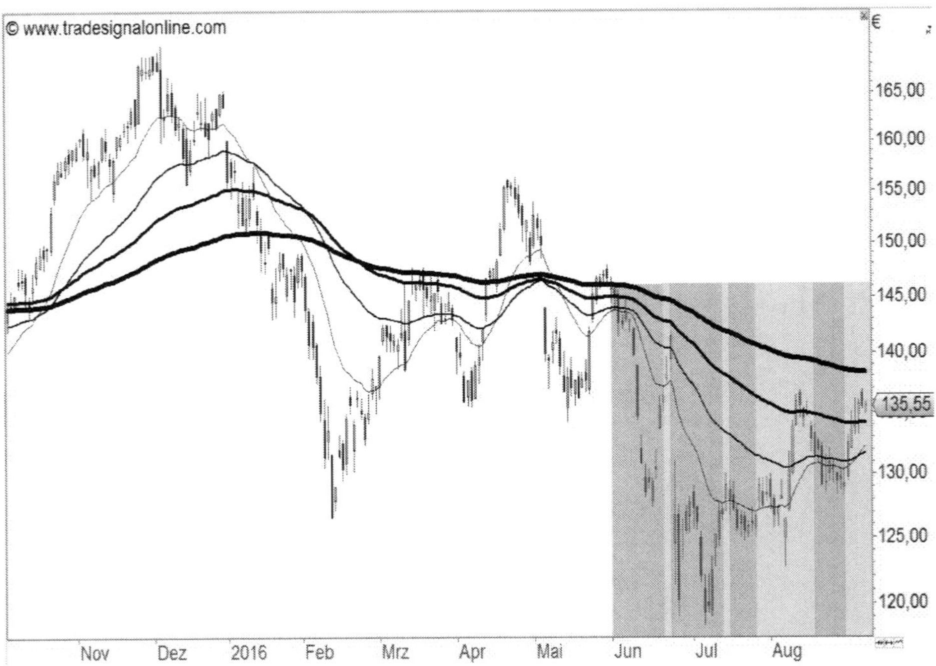

Abbildung 52: Allianz im Tageschart. Innerhalb des jüngsten, übergeordneten Abwärtstrendfraktals wechseln sich Progression und Regression ab. Zu den aktuellen Notierungen steigen die agileren EMA´s entgegen des Trendfilters EMA200 an, sodass wir von einer momentanen Korrekturlage ausgehen.

Intensität

Kraftvoll oder ohne Dynamik? Anhand der Stellung der gleitenden Durchschnitte zueinander lässt sich die relative Stärke eines Trends erkennen. Fächern die EMA´s auf, nimmt die Intensität des Trends zu. Ziehen sich die EMA´s dagegen zusammen schwächt sich die Dynamik einer Trendbewegung ab. Meist folgen auch hier trendintensive Phasen auf trendarme im fortlaufenden Wechsel. In der praktischen Betrachtung lässt eine ansteigende Trendintensität größere, dynamische Bewegungen im Kursverlauf zu, wogegen eine abnehmende Intensität gegen weite Bewegungen sprechen kann.

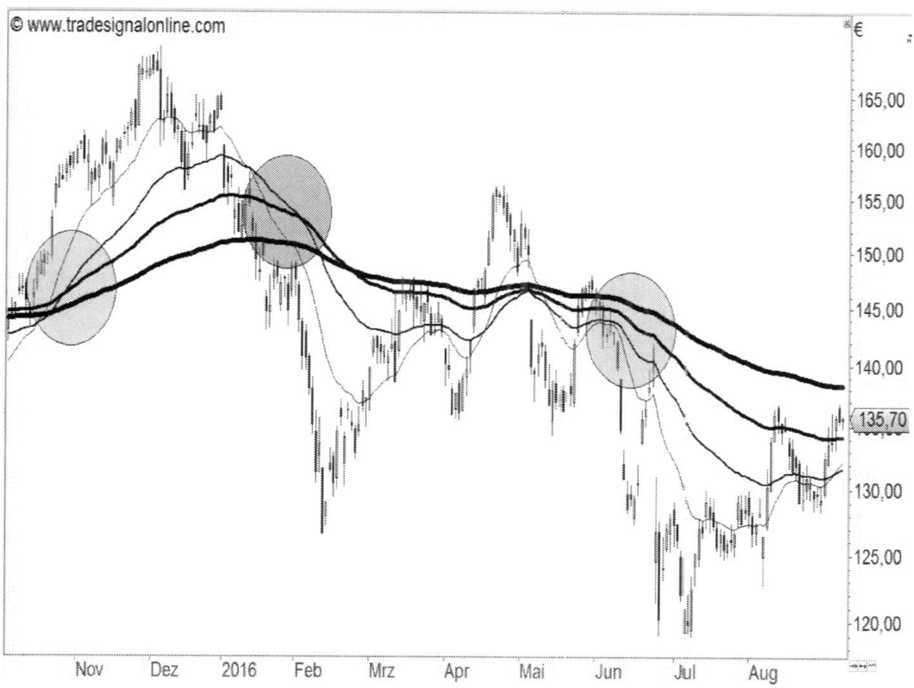

Abbildung 53: Allianz im Tageschart. Mit auffächernden Trendfiltern lassen sich Bewegungen erwarten – der Trend kann laufen und das Trading ist erfolgversprechend. Ziehen sich die EMA´s dagegen zusammen sollte der Händler die Frequenz verringern und mit Fehlsignalen, Korrekturen oder Seitwärtsphasen rechnen.

Volatilität

Hohe Schwankung im Trendverlauf? Anhand der Stellung des Preises zu den gleitenden Durchschnitten lässt sich die allgemeine Volatilität des betrachteten Basiswerts schnell und einfach visualisieren. Bewegt sich der Preis nahe an den gleitenden Durchschnitten, sprechen wir von schwacher Schwankung - entfernt sich der Kurs dagegen zunehmend weit und oft von den EMA´s, steigt die Volatilität.

Trading mit Hilfe der Trendfilter

Das Trading mit Hilfe der Trendfilter ist einfach und führt zu schnellen und eindeutigen Handelsentscheidungen. Der EMA200 gibt Auskunft über die Handelsrichtung, darüber Long und darunter nur Short. Die Untersuchung der Trendverfassung hilft bei Wahl des Einstiegs – innerhalb der Progression kann dieser prozyklisch, beispielsweise mit neuen Hochs im Aufwärtstrend, innerhalb der Regression antizyklisch, beispielsweise an Fibonacci-Retracements (vgl. Kapitel 7), erfolgen. Aktiv gehandelt wird dabei nur bei aufkommender Dynamik, also dem Auffächern der EMA´s. Das Zusammenziehen der Trendfilter verringert dagegen die Handelsfrequenz und lässt den Trader an die Seitenlinie treten.

Kurzinfo

Ein kurzes, erklärendes Beispielvideo zur praktischen Trenduntersuchung mit einem EMA-Bündel in der Handelsplattform MetaTrader 4 (MT4) und der Analysesoftware tradesignalonline.com finden Sie kostenlos unter http://trading-made-in-germany.de/videos.

Kombination der Trendfilter mit der Technischen Analyse

Die Trendfilter-EMA´s lassen sich wunderbar mit allen anderen Methoden der Technischen Analyse kombinieren und runden das Chartbild so oftmals ab.

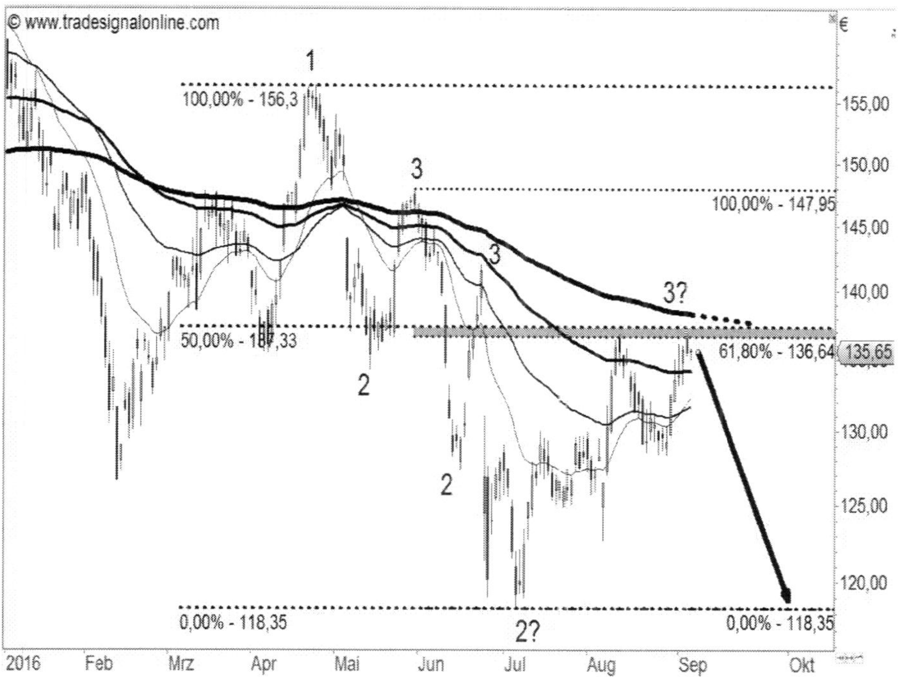

Abbildung 54: Allianz im Tageschart. In diesem Chartbild haben wir die EMA-Trendfilter mit anderen Methoden aus der Technischen Analyse und der markttechnischen Punktzählung vereint und konnten so eine gute Argumentationskette für einen bärischen Ausblick generieren. Der übergeordnete Abwärtstrend ist in der Korrekturphase und ein antizyklischer Einstieg damit denkbar. Nahe der deckelnden 200-Tage-Linie hat sich ein Doppeltop an einem Fibonacci-Cluster verschiedener Fraktale (vgl. Kapitel 7) ausgebildet – die Bullen stehen damit direkt vor einer starken Barriere und der übergeordnete Abwärtstrend könnte sich fortsetzen.

Golden Cross und Death Cross

Ein historisches und, wenn auch einfach, doch komplettes Handelssystem für Trader lässt sich aus den beiden EMA´s der Perioden 50 und 200 bilden. Kreuzt der agilere EMA50 den langsameren EMA200 von unten nach oben so entsteht ein „Golden Cross“ – ein Kaufsignal. Kreuzt dagegen der EMA50 den EMA200 von oben nach unten entsteht das Gegensignal für einen Leerverkauf bzw. das Glattstellen der Long-Position – das sogenannte „Death Cross“. Auch in der reinen Chartanalyse ist nach Auftreten dieser Formation von Kursbewegungen auszugehen.

Abbildung 55: DAX-Future im 4-Stunden-Chart. Der EMA50 kreuzt den EMA200 von unten nach oben – es entsteht ein „Golden Cross“, also ein Kaufsignal welches noch immer aktiv ist.

Abbildung 56: EUR/USD (Spot) im Tageschart. Im Sommer des Jahres 2014 wird ein Verkaufssignal (Short) durch ein „Death Cross" aktiviert. Das Gegensignal zum Glattstellen des Leerverkaufs in Form des „Golden Cross" kam erst im April 2016 – der Trader hat mit Hilfe der EMA´s einen riesigen Trend erwischt. Das Gegensignal ist jedoch sogleich wieder ein Kaufsignal (Long) – der zweite Trade hat einen überschaubaren Verlust generiert. In der Masse wird man mit diesem einfach Ansatz Erfolg haben und mehr Gewinnen als Verlieren. Als Nachteil gilt jedoch der „Soft-Stop-Loss", welcher erst mit einem Gegensignal und dem Drehen der Position aktiviert wird. Damit ist das theoretische, initiale Positionsrisiko im Vorhinein nicht bestimmbar.

Kapitel 6

Das Handelsvolumen im Fokus

Der Fingerabdruck des Marktes entsteht aus Preisen und den dort in der Vergangenheit gehandelten Volumina. Lernen Sie die Zusammenhänge dieser beiden entscheidenden Faktoren für die zukünftige Entwicklung von Finanzprodukten und deren Kurszielbestimmung kennen und nutzen Sie dieses Wissen vielfältig in Trading und Analyse. Der Preis, also das Produkt aus Angebot und Nachfrage im Orderbuch, und das Handelsvolumen eines Basiswerts sind die einzigen zwei Faktoren, welche bei Transaktionen an der Börse erzeugt werden. Damit sind sie auch die einzigen, unverfälschten und direkt vom Markt gestellten Informationen. Aus einer Times-and-Sales-Liste können Sie somit alle nötigen Informationen zu einem Wertpapier ablesen, ohne einen Indikator oder Daten eines Dritten verwenden zu müssen. Da diese beiden Faktoren das komplette Börsengeschehen abbilden bietet es sich weiterhin an, diese für die Berechnung zukünftiger Wahrscheinlichkeiten zu Rate zu ziehen. In der gängigen Analyse wird das Volumen pro betrachteter Periode, also zum Beispiel umgesetzte Aktien an einem Handelstag, dargestellt. Im Marktprofil betrachten wir dagegen das Preisniveau, sowie die dort erzeugten Handelsvolumina in der Vergangenheit auf horizontaler Ebene. Die große Masse der Trader und Analysten untersucht in den Chartbilder rein das Kursgeschehen und vernachlässigt dabei den „Rohstoff Handelsvolumen" gänzlich. Nutzen Sie dieses „Geschenk der Börse" und verschaffen Sie sich so einen weiteren Gewinnvorteil im Vergleich mit anderen Marktteilnehmern.

Klassisches Handelsvolumen auf der Zeitachse

Sicherlich ist Ihnen die Darstellung der Handelsvolumina unterhalb des Kurses in Bezug auf die Zeitachse bekannt. Diese klassische Darstellung zeigt uns an, wie viele Stücke eines Basiswerts in der betrachteten Periode umgesetzt wurden. In der allgemeinen Deutung geht man davon aus, dass besonders große Volumen eine vorherrschende Trendbewegung beenden oder sogar drehen können – wir sprechen vom sogenannten „Stopping-Volume".

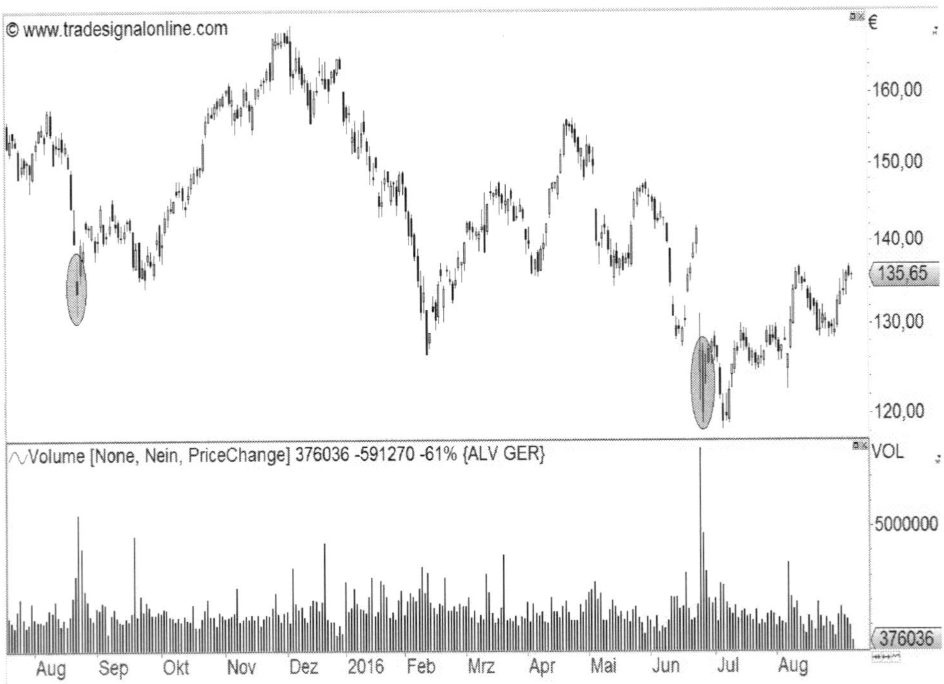

Abbildung 57: Allianz im Tageschart. Die größeren Abverkäufe im Betrachtungszeitraum wurden jeweils durch ein „Stopping-Volume" beendet und der Kurs konnte sich in der Folge erholen.

Abbildung 58: DAX Performance Index im Tageschart. Betrachten wir dagegen den DAX-Chart so kann das Handelsvolumen keine markanten Hoch- und Tiefpunkte identifizieren – oftmals fallen Volumenspitzen im Kursverlauf nicht auf. Aus jahrelanger Erfahrung heraus gehen wir davon aus, dass der Trader und Analyst keinen nachhaltigen Nutzen aus dem klassischen Handelsvolumen ziehen kann. Oftmals sind Dividendenausschüttungen, Nachrichten oder Kursbewegungen in benachbarten Titeln und Märkten für den Umsatz größerer Stückzahlen verantwortlich – in der Technischen Analyse müssen sich diese Phänomene jedoch nicht widerspiegeln. Wir empfehlen daher die Anwendung des Marktprofils und stellen diese nachfolgend ausführlich vor.

Das Marktprofil – Funktion und Voraussetzungen

Im Marktprofil, auch Market-Profile oder Price-Volume-Profile genannt, wird neben dem Preisniveau in der allgemein bekannten Darstellung, auch das Handelsvolumen auf den jeweiligen Kursebenen in der Vergangenheit angezeigt. Wie weit man diese Umsätze rückwirkend betrachten möchte ist dabei frei wählbar und somit persönlich modifizierbar. In der Chartsoftware „Tradesignalonline" finden Sie den Indikator unter der Bezeichnung „Price Volume Profile (PVP)" – es sind jedoch noch weitere Bezeichnungen im Umlauf. Durch das Marktprofil wird ersichtlich, wie viele Stücke auf welchen Niveaus umgesetzt wurden. Effiziente und weniger effiziente Marktregionen werden sofort visualisiert. Allgemein geht man davon aus, dass Regionen mit höheren Umsätzen als Widerstände oder Unterstützungen fungieren. Meist halten sich die Märkte an den Extrempunkten des Marktprofils für längere Zeit auf oder laufen diese Marken gezielt an – die Börse kommt dort ihrer originären Aufgaben, nämlich der Bildung von Umsätzen aus Angebot und Nachfrage am besten nach. Voraussetzung für das Funktionieren dieser Betrachtungsweise ist eine hohe Liquidität des betrachteten Wertes. Daher eignen sich vor allem Blue-Chips, Indizes, der Devisenhandel oder die Rentenmärkte für die Anwendung. Die Anwendung auf illiquide Small-Caps ist nicht zu empfehlen. Weiterhin sind „echte" Kurse, also der Zugang zu den Hauptbörsen, sowie den Handelsvolumina dieser, notwendig. Finanzprodukte, wie zum Beispiel CFD´s oder Optionsscheine, beziehen sich immer auf ein Underlying und haben keine eigenen, börsengehandelten und somit relevanten Umsätze. Manche Broker bieten Volumina zu CFD´s an, diese stellen jedoch meist nur die hauseigenen Kundenumsätze dar und sind in keinem Fall aussagekräftig. Im DAX-Future sind also beispielsweise einzig Kurse und Volumina der Terminbörse EUREX von Interesse, im Kassa-DAX sind XETRA-Daten der Frankfurter Börse relevant. Einen zusätzlichen Informationsgehalt weißen die Farbschattierungen der Volumenskalen am rechten Bildrand auf – in unserer Darstellung dunkel- und hellgrau. Diese geben zu erkennen, ob Käufe oder Verkäufe in der betrachteten Periode überwogen haben. Längere Stäbe in dunkelgrau lassen also auf steigende Kurse im Berichtszeitraum schließen, längere hellgraue Säulen stellen fallende Kerzen dar.

Abbildung 59: Allianz im Tageschart. Das Marktprofil zeigt uns hier die Umsätze der jüngsten 250 Perioden, also Handelstage, an. Dieser Zeitraum entspricht ca. einem Jahr an der Börse und eignet sich gut für die Analyse im Tageschart. Effiziente und weniger effiziente Handelszone sind nun schnell erkennbar und können ausgewertet werden. Die Aktie notiert derzeit am Haupteffizienzlevel, dem „Point-of-Control".

Kurzinfo

Ein kurzes, erklärendes Beispielvideo zum praktischen Einsatz des Marktprofils in der Analysesoftware tradesignalonline.com finden Sie kostenlos unter http://trading-made-in-germany.de/videos.

Haupteffizienzlevel

Die Regionen im Marktprofil, an denen im betrachteten Zeitraum am meisten Stücke umgesetzt wurden, nennt man Haupteffizienzlevel oder auch „Point-of-Control". In der Volumendarstellung am rechten Rand des Chartbilds lassen sich diese Regionen als markante Spitzen erkennen. An diesen Haupteffizienzlevels erfüllt der Markt seine Aufgabe, Angebot und Nachfrage in Einklang und somit zu einem möglichst großen Umsatz zu bringen, also am besten. Daher ist wahrscheinlich, dass sich Finanzprodukte länger und/oder öfter in diesen Zonen aufhalten, beziehungsweise sich auf diese Regionen zubewegen, werden. Die Allianz-Aktie in Abbildung 59 notiert derzeit genau am „Point-of-Control" und damit auf dem effizientesten Niveau des letzten Handelsjahres. Bewegungen, weg von dort, lassen meist dynamische Trends entstehen.

Übung 10

Untersuchen Sie das langfristige Chartbild der BMW-Aktie aus Sicht des Marktprofils. Wo befindet sich das Haupteffizienzlevel und welche Schlüsse ziehen Sie für die zukünftige Kursentwicklung aus Volumenhügeln und –tälern? Die Lösung dieser Aufgabe finden Sie unter http://trading-made-in-germany.de/uebungen-loesungen.

Lücken im Marktprofil

Lücken im Marktprofil lassen auf umsatzschwache, und somit wenig effiziente Zonen im Chartbild schließen. Käufer und Verkäufer haben hier in der Vergangenheit wenig konkurriert und dem jeweiligen Gegner das Feld überlassen.

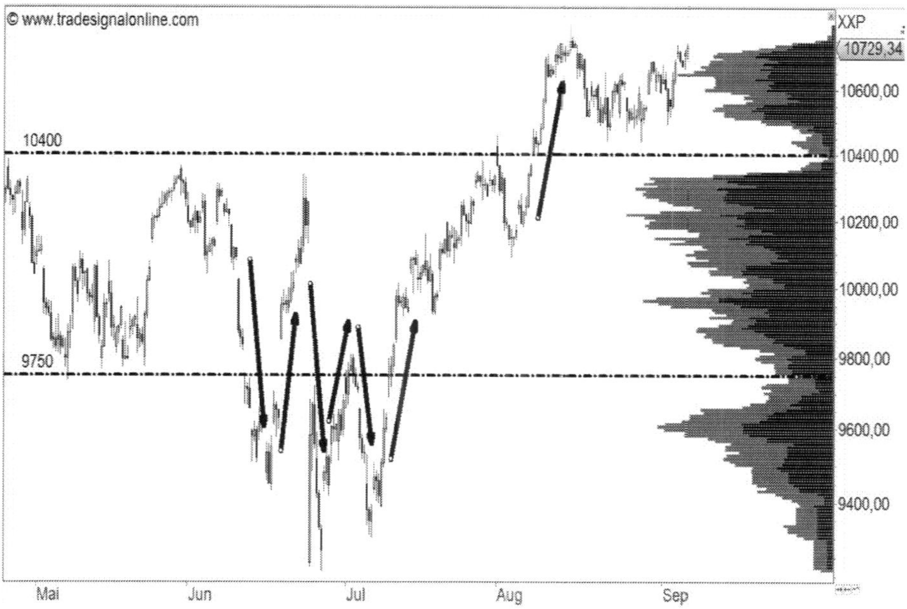

Abbildung 60: DAX Performance Index im 4-Stunden-Chart. Größere Lücken im Marktprofil verlaufen bei rund 10.400 Punkten und 9.750 Punkten. Diese Zonen werden vom Index entweder gemieden oder mit schnellen, dynamischen Bewegungen und oftmals in Form von Kurslücken (Gaps) durchquert. Trader brauchen zwingend Kursbewegungen für Gewinne und sind ständig auf der Suche nach derartigen Bereichen im Chartbild. Erst in Effizienzzonen verweilt der Preis wieder für mehrere Handelsstunden.

Trading zum Haupteffizienzlevel hin

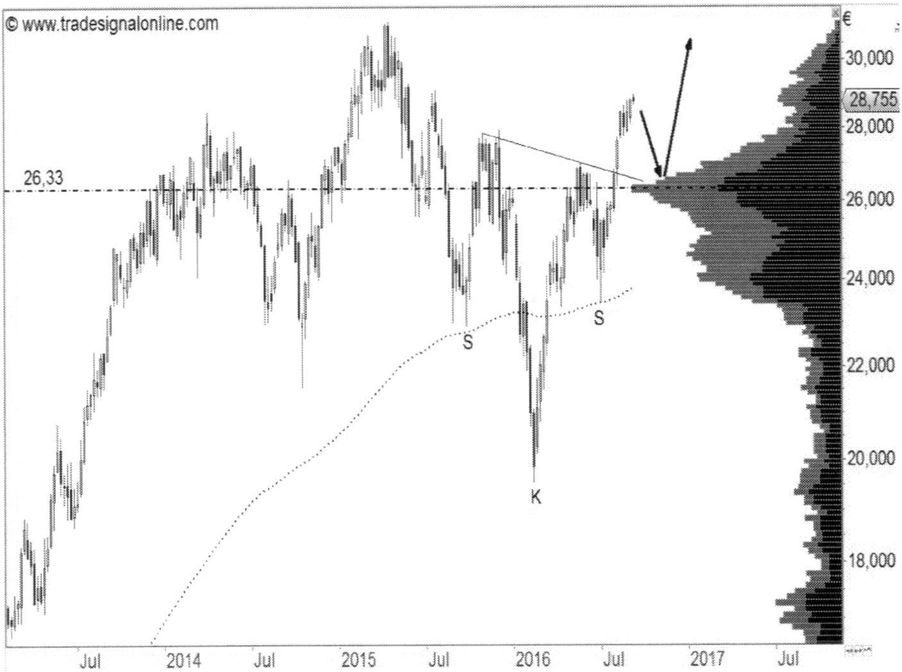

Abbildung 61: Deutsche Post im Wochenchart. Wie im Chartbild der Deutschen Post Aktie dargestellt, gibt es die Möglichkeit, zum Haupteffizienzlevel hin oder zurück zu traden. Dabei gilt dieses als Kursziel der Bewegung. Als Einstiegssetup kann dabei zum Beispiel das Verlassen eines Effizienzlevels, hin zu einem anderen, im besten Fall sogar stärker ausgeprägten, Kursniveau oder eine zu weite Entfernung aus den Volumenhügeln zählen. Auch ist zu beobachten, dass ein Kurs lange Zeit um den „Point-of-Control" oszilliert und mehrfach zu diesem zurückläuft – solange sich ein Wert nicht nachhaltig absetzen und ein neues Effizienzlevel ausbilden kann, ist eine Rückkehr sehr wahrscheinlich. Die Kurszielermittlung mit dem Marktprofil kann jedoch auch im Zusammenwirken mit anderen Trading-Setups oder der klassischen Charttechnik erfolgen.

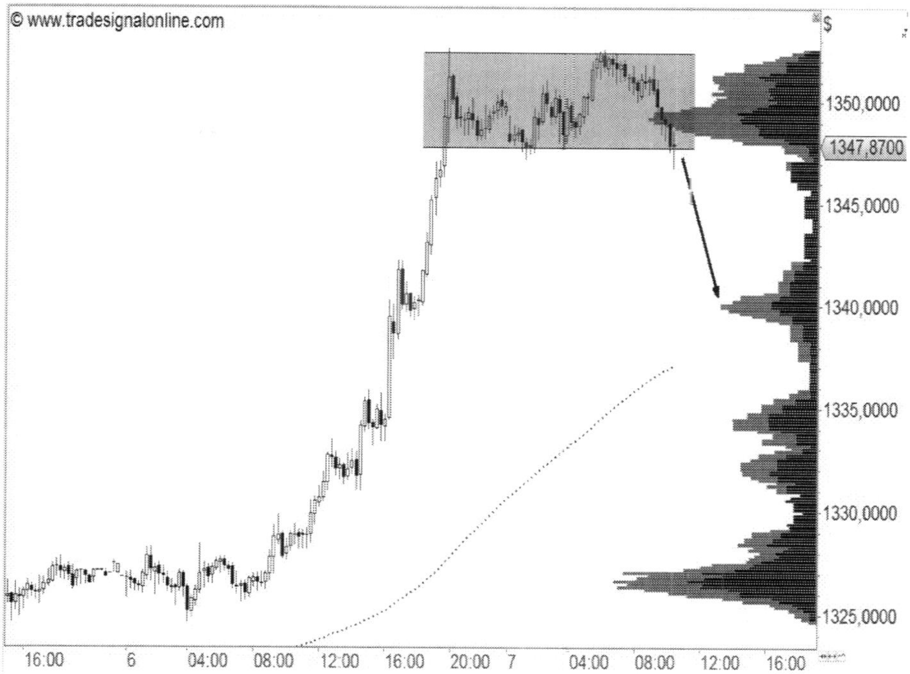

Abbildung 62: Goldpreis (Spot) im 15-Minuten-Chart. Setzt sich der Kurs in der Folge aus der kurzfristig ausgebildeten Seitwärtsrange ab, verlässt er zudem die Effizienzzone und hat sodann die nächst tiefere bei rund 1.340 US-Dollar zum Ziel.

Kurzinfo

Der Goldpreis wird in vielfältigen Formen an den Börsen dieser Welt taxiert. Futures an den US-Terminbörsen COMEX und NYMEX werden in drei großen Kontrakten gehandelt. Als weltweite Benchmark, und damit äußerst wichtig für die Preisstellung aller Produkte, gilt das „COMEX-Gold", gehandelt mit dem Kürzel „GC" und einem Gegenwert von 100 Feinunzen in US-Dollar. Für private Trader wird Gold von vielen Forex-Brokern als eine Art Währung angeboten oder kann als CFD gehandelt werden. In der Analysesoftware tradesignalonline.com findet man den Kassa-Goldpreis unter dem Kürzel „XAUUSD" (für Aurum in US-Dollar), den Silberpreis unter „XAGUSD".

Trading vom Haupteffizienzlevel weg

Wird ein Haupteffizienzlevel nachhaltig vom Kurs verlassen, so ist mit einer länger anhaltenden, dynamischen Bewegung zu rechnen. Diese kann bis zu einem nächsten Effizienzlevel oder aber auch ins Leere laufen. Daher benötigt dieses Setup weitere charttechnische Hilfsmittel zur Kurszielermittlung beziehungsweise zur Wahl eines sinnigen Stop-Loss. Klassische Widerstands- und Unterstützungslinien oder Projektionslevel sind daher zu empfehlen.

Abbildung 63: DAX-Kursindex im Wochenchart. Die Händler entfernen sich zunehmend vom Haupteffizienzlevel rund um die Marke von 5.000 Punkten und werden derzeit nur von einer starken, deckelnden Trendlinie ausgebremst. Wird diese auf Wochenschlusskursbasis aufgebrochen, ist ein direkter Anstieg bis zur 5.500-Punkte-Marke zu erwarten da der Markt erst dort wieder effizient arbeitet. Eine Spannen-Projektion errechnet ein erweitertes Kursziel bei 5.933 Punkten – beispielweise für Teilverkäufe.

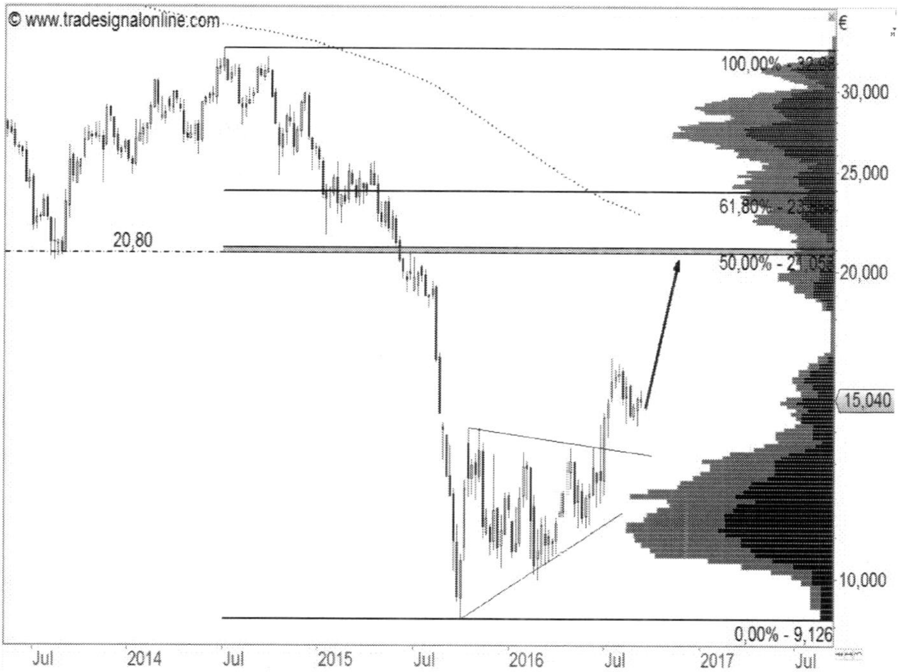

Abbildung 64: RWE St. im Wochenchart. Die RWE-Stückaktien konnten zuletzt einen Boden in Form eines sich verengenden Dreiecks ausbilden und sich so deutlich erholen. Zudem hat sich das Papier nachhaltig aus der Haupteffizienzzone abgesetzt und kann anhaltende Stärke beweisen. Erst oberhalb von 20,00 Euro weißt das Marktprofil wieder Volumenhügel auf, sodass der Kurs bis dahin dynamisch laufen kann. Die Marke 20,80 Euro dient dabei als nächstes Kursziel – ein Cluster aus horizontaler Widerstandslinie und wichtigem 50-%-Fibonacci-Retracement der jüngsten Verkaufswelle.

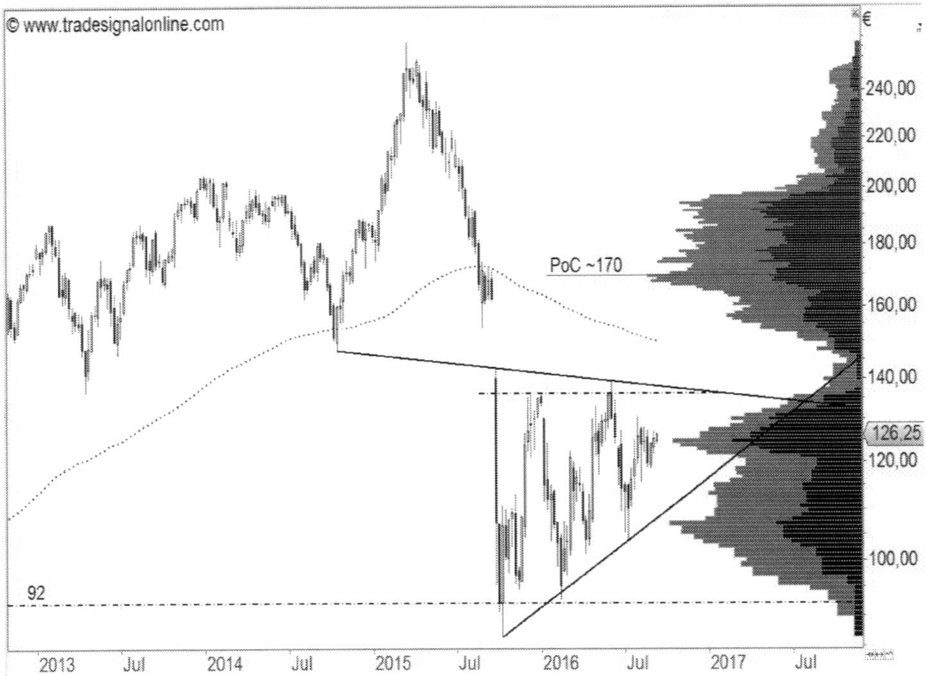

Abbildung 65: Volkswagen Vz. im Wochenchart. Die VW-Aktie kann sich oberhalb der Unterstützung bei 92,00 Euro in Form eines Dreiecks erholen und pendelt zwischen zwei Effizienzzonen. Mit einer Auflösung der Formation gen Norden ist eine direkte Rückkehr zum Point-of-Control bei rund 170,00 Euro wahrscheinlich.

Nutzen im Intraday-Handel

Auch im kurzfristigen Intraday-Handel können Sie das Marktprofil für Ihr Trading nutzen. Dabei gibt es zwei allgemein anwendbare Setups. Zum einen können Sie von der Markteröffnung weg, auf eine Bewegung zum nächsten Haupteffizienzlevel hin spekulieren. Zum anderen benötigen Sie eine Handelsspanne, also eine Seitwärtsrange wie in Abbildung 62 zu sehen, nahe oder auf einem Haupteffizienzlevel. Bricht der Markt dann nachhaltig aus, ist mit einer dynamischen Bewegung zu rechnen.

Fehler, Schwierigkeiten und Chancen

Mögliche Fehlerquelle beim Trading mit dem Marktprofil kann die Einstellung des rückwirkend betrachteten Zeitraums, also die Perioden der Volumenermittlung, sein. Während ein zu langer Zeitraum die Ergebnisse verfälschen kann – wir gehen davon aus, dass Volumina in der jüngeren Vergangenheit höhere Aussagekraft haben als ältere – können zu kurz eingestellte Zeiträume wichtige Handelslevel verschweigen. Als einfachen Anhaltspunkt könnte man hier sagen, betrachten Sie das Volumen ähnlich der Charteinstellung. Das heißt, verwenden Sie im Tageschart ein Jahr Historie, könnten Sie auch das Marktprofil so einstellen. Beachten Sie jedoch hierbei, dass das Handelsjahr nicht 365 Tage, sondern nur rund 250 Tage aufweist. Die nächsten Zoomstufen könnten dann 120 Tage, entsprechend einem halben Jahr, sowie rund 60 Tage für drei Handelsmonate sein. Im Intraday-Chart müssen Sie die Anzahl auf die jeweiligen Perioden, also zum Beispiel Stunde, Minute oder Tick, anpassen. Die Vorteile des Marktprofils liegen auf der Hand: wir erhalten klare, eindeutige Aussagen und Handelssignale, welche schnell umsetzbar sind. Des Weiteren sind eine genaue Kurszielbestimmung und die Verknüpfung mit anderen Ein- und Ausstiegssetups möglich. Dies stellt jedoch auch einen Knackpunkt dar, denn allein kann das Marktprofil nur selten alle für das Trading relevanten Faktoren, wie zum Beispiel Risikomanagement und Stop-Loss-Findung, bereitstellen. Ergänzende Indikatoren und Handelslogiken sind daher oftmals notwendig. Ein weiterer Nachteil ist die Anwendbarkeit. Wie Eingangs schon erwähnt, sind Analysen immer aufgrund börsengehandelter Wertpapiere zu erstellen – CFD´s, Optionen und andere exotische Finanzprodukte finden dabei keine Relevanz. Mit etwas Übung im Einstellen der rückwirkend betrachteten Perioden kann Ihnen das Marktprofil jedoch wichtige und unverfälschte Informationen zur Verfassung des Marktes und wahrscheinliche, zukünftige Bewegungen liefern.

Kapitel 7

Fibonacci – die goldene Zahlenreihe

Die Fibonacci-Zahlen funktionieren im Trading allein schon durch den großen Kreis an Befürwortern dieser Theorie aus der Finanzmathematik. Mit Hilfe dieser Zahlenreihe aus dem „goldenen Schnitt" können wir Preisreaktionslevel, sowohl für Unterstützungen als auch für Kursziele, nutzen. Wir blicken auf die Grundlagen, bis hin zur professionellen Anwendung.

Grundlagen

Die allgemeine, fundamentale These „Die Gesetze der Massenpsychologie folgen der Fibonacci-Zahlenreihe" beschreibt die Wirkungsweise dieser im Trading. Fibonacci-Verhältnisse werden als angenehm und vollendet wahrgenommen. Der Mensch als Teil der Natur wendet Fibonacci bewusst und auch unbewusst in der Musik, der Kunst, der Mode, der Architektur und eben auch in der (Finanz-)Mathematik an. Als deutschsprachige Grundlagenliteratur empfehlen wir das 2012 im Finanzbuchverlag erschienene Buch „Kursziele bestimmen mit Fibonacci" von Karin Roller. Darin schreibt sie: „Der Goldene Schnitt, auch göttliche Teilung genannt, fasziniert die Menschheit bereits seit Jahrtausenden. In der Natur ist der Goldene Schnitt allgegenwärtig. In der griechischen Antike galt er als Inbegriff von Ästhetik und Harmonie und fand in der Architektur und der Kunst seine Anwendung".

Kurzinfo

Ein kurzes, erklärendes Beispielvideo zum praktischen Einsatz der Fibonacci-Zahlenfolge in der Handelsplattform MetaTrader 4 (MT4) und der Analysesoftware tradesignalonline.com finden Sie kostenlos unter http://trading-made-in-germany.de/videos.

Die mathematische Zahlenfolge

Die Fibonacci-Zahlenfolge ist eine mathematische Folge nicht negativer, ganzer Zahlen, die durch das rekursive Bildungsgesetz definiert wird. Heißt auf Deutsch: Die beiden ersten Zahlen 0 und 1 werden vorgegeben, und jede weitere Zahl wird aus der Summe ihrer beiden Vorgänger gebildet. Daraus ergibt sich die Folge: 0, 1, 1 (aus 0+1), 2 (aus 1+1), 3 (aus 1+2), 5, 8, 13, 21, 34, ... Die Zahlenfolge hat weiterhin folgende mathematische Eigenschaften: Das Verhältnis einer Zahl zur nächsthöheren Zahl beträgt rund 0,618. Die fortschreitende Reihe nähert sich der „goldenen Zahl" Phi mit dem Wert 1,618033988... (kleines Phi, Kehrwert: 0,618033988...). Das Verhältnis einer Zahl zur nachkleineren beträgt rund 1,618. Das Verhältnis zwischen den jeweils übernächsten Zahlen beträgt rund 0,382 in aufsteigender und rund 2,618 in absteigender Richtung. Hinzu kommen die Fibonacci-Ratios 0,786 und 1,272.

Anwendung in der Finanzmathematik

Die Fibonacci-Zahlenfolge ist Grundlage der Elliot-Wellen-Theorie und setzt Trend und Korrektur in relative Beziehungen. Sowohl eine zeitliche als auch eine preisliche Analyse ist möglich. Aufgrund der Möglichkeit einer direkten Kurszielberechnung hat diese Methode einen Nutzen für alle Marktteilnehmer, in allen Zeiteinheiten und allen liquiden Basiswerten. Die Existenz im Finanzmarkt gilt jedoch als (noch) nicht wissenschaftlich bewiesen. Aufgrund der hohen Beachtung der Akteure gehen wir jedoch von einer historischen Verifizierbarkeit akuter Fibonacci-Level aus – untersuchen Sie dies im Zweifel selbst und prüfen Sie die Kursreaktionen in einer Vielzahl verschiedener Chartbilder nach.

Anwendung in der Technischen Analyse

In der Analyse werden einzelne Fraktale, also Teilstücke aus Progression und Regression, untersucht und vermessen. Zur Erkennung der Bewegungsarme können Indikatoren, wie der MACD oder gleitenden Durchschnitte, verwendet werden – in der Regel sind Sie aber direkt im Chartbild erkennbar. In der Annahme, dass bestehende Trendphasen eine Auswirkung auf die zukünftige Entwicklung eines Basiswerts haben, werden Preisreaktionslevel in Form von Widerständen und Unterstützungen ermittelt.

Anwendung in der Preisachse – Retracements

Fibonacci-Retracements zeigen Unterstützungen in einem Aufwärts-Fraktal an. Die Vermessung erfolgt, ausgehend vom Tief der Bewegung (100 %) über ein Verlaufshoch (0 %). Im Abwärtstrend ist diese genau andersrum: die Vermessung erfolgt, ausgehend vom Hoch der Bewegung (100 %) über ein Verlaufstief (0 %). Als allgemein relevant erachten wir die drei Retracements 38,2 %, 50 % und 61,8 %- alle anderen finden sich aus der praktischen Erfahrung heraus in unserer Analyse nicht im Chartbild wieder. Retracements können dabei genutzt werden, um die Qualität einer Korrekturbewegung zu charakterisieren. Dabei gelten Rücksetzer bis 38,2-%-Retracement als schwache Korrektur, bis zum 50er als normal und bis zum 61,8er als starke und maximal zu erwartende Korrekturgröße.

Übung 11

Untersuchen Sie das langfristige Chartbild des DAX30-Titels Vonovia SE (Kürzel ANN) auf finanzmathematische Unterstützungen mit Hilfe von Fibonacci-Retracements. Die Lösung dieser Aufgabe finden Sie unter http://trading-made-in-germany.de/uebungen-loesungen.

Abbildung 66: Deutsche Börse im Wochenchart. Im langfristigen Chartbild sind zwei große Progressionsfraktale deutlich erkennbar – diese sind damit für die Ermittlung von Fibonacci-Unterstützungszonen geeignet. Die abgeschlossene Erholung im Jahre 2014 fand jeweils an den 38,2-%- und 50-%-Retracements Käufer und wurde sodann beendet. Der Preis konnte sich erneut in Richtung der übergeordneten Trendlage aufmachen und zulegen. Das so entstandene Fraktal dient nun wieder für die Ermittlung neuer, potenzieller Kauflevel.

Abbildung 67: Fresenius SE im Tageschart. Die Korrektur findet am 50-%-Fibonacci-Retracement ihr Ende – damit wurde die Progressionsbewegung genau zur Hälfte korrigiert.

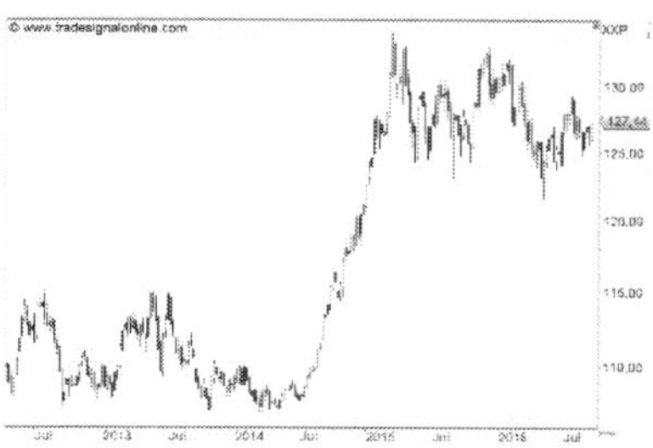

Übung 12

Untersuchen Sie das langfristige Chartbild im US-Dollar-Index (vgl. Seite 102) auf finanzmathematische Unterstützungen mit Hilfe von Fibonacci-Retracements. Die Lösung dieser Aufgabe finden Sie unter http://trading-made-in-germany.de/uebungen-loesungen.

Abbildung 68: Heidelbergcement im Tageschart: Die Käufer bilden einen doppelten Boden nahe dem 61,8er-Fibonacci-Retracement, der letzten Bastion der Bullen, aus und beenden so die Korrekturphase nachhaltig.

Kurzinfo

Unter professionellen Tradern findet der U.S. Dollar Index (Kürzel „UDX", vgl. Seite 101) hohe Beachtung. Dieser einzigartige Index zeigt nicht, wie sonst im Devisenhandel üblich, die reine Entwicklung einer Währung in der relativen Gegenüberstellung zu einer anderen, sondern stellt die Veränderung des Dollars gegenüber einer Vielzahl anderer Devisen dar. Durch diesen Vergleich mit sechs anderen Landeswährungen soll der „echte" Wert des US-Dollars aussagekräftig abgebildet werden. Der Index stellt einen vergleichenden Korb mit den folgenden Währungen dar: Euro (57,6 Prozent), japanischer Yen (13,6 Prozent), britisches Pfund (11,9 Prozent), kanadischer Dollar (9,1 Prozent), schwedische Krone (4,2 Prozent) sowie Schweizer Franken (3,6 Prozent) und wird auch als Future gehandelt.

Abbildung 69: Commerzbank im Tageschart: Die Aktie befindet sich innerhalb eines intakten Abwärtstrends – mit Hilfe der Fibonacci-Retracements lassen sich Widerstände und damit Short-Level für antizyklische Leerverkäufe finden. Im Frühjahr 2016 beendet ein doppeltes Top nahe dem 50er-Fibonacci-Retracement eine Erholungsphase und schickt das Papier erneut gen Süden. Auch die aktuelle Korrektur stößt nun auf die ersten Widerstände.

Abbildung 70: Lufthansa im Wochenchart. Immer wieder scheitert die Aktie an der Macht des 50-%-Fibonacci-Retracements.

Kurzinfo

Fundamentale Nachrichten und Daten aus der Wirtschaftswelt können börsenrelevant sein und zu Kursveränderungen führen. Dabei gibt es zwei Arten solcher News. Zum einen Nachrichten, deren Veröffentlichungstermin im Vorfeld bekannt ist - der Markt ist also im Voraus vorbereitet und informiert - und zum zweiten Mitteilungen ohne Ankündigung. Beispielsweise können dies Adhoc-Meldungen oder unvorhersehbare Ereignisse wie Katastrophen sein. Rund um die Veröffentlichung wichtiger Nachrichten kann die Volatilität im Markt deutlich ansteigen. Zum Teil werden die Meldungen jedoch auch aufgrund einer Konsens-Erwartung der Marktteilnehmer eingepreist, sodass zum Veröffentlichungstermin kaum Bewegung zu erkennen ist.

Anwendung in der Preisachse – Extension und Projektion

Projektionsziele für die zukünftige Preisentwicklung können mit Hilfe von Korrektur-Fraktalen, also Trendstücken entgegen der übergeordneten Richtung, oder mit Progressionselementen ermittelt werden. Sie geben Auskunft über Unterstützungen und Widerstände und damit auch über mögliche Kursziele oder Teilverkäufe. Die vergangene Bewegungsspanne wird dabei um das 1,382-, 1,618- oder 2-fache, angetragen.

Abbildung 71: SAP im Wochenchart. Die beiden Progressionsarme der Aufwärtsbewegung können nicht nur für die Ermittlung von Unterstützungen, sondern auch die Berechnung von Widerständen und damit Kurszielen, genutzt werden. In der Technischen Analyse gibt es weitere, komplexe Anwendungsmöglichkeiten der Fibonacci-Zahlen wie zum Beispiel Muster, Kanäle oder Fächer. Diese treten jedoch vergleichsweise selten und in Reinform auf sodass wir keinen nachhaltigen Nutzen erwarten können.

Anwendung in der Zeitachse

Abbildung 72: EUR/USD (Spot) im 30-Minuten-Chart. Bei der Anwendung in der Zeitachse erfolgt die Messung ebenfalls fraktalweise von Hoch zu Hoch, Tief zu Tief oder von Hoch zu Tief bzw. Tief zu Hoch. Relative Extrem- und/oder Wendepunkte sollen so für die Zukunft ermittelt werden. Die praktische Anwendung scheitert jedoch an den selten auftretenden Ergebnissen in der historischen Chartbetrachtung. Zudem widerspricht diese Anwendungspraxis jeglicher Logik, werden doch extreme Kursbereiche meist durch Nachrichtenlagen und nicht von zeitlichen Abfolgen im alltäglichen Handelsverlauf ausgeprägt.

Professionelle Anwendung – Die Korrekturmatrix

Kombiniert man Zeitprojektionen mit preis ichen Retracements und Extensionen lässt sich eine sogenannte Korrekturmatrix bilden. Die kann eine bevorstehende Regressionsbewegung in zu erwartende Räume eingrenzen und macht diese so einschätzbar. Wer regelmäßig Jahres- oder Wochenausblicke für seine gehandelten Basiswerte anfertigt wird hier Verwendung für diese Methodik finden.

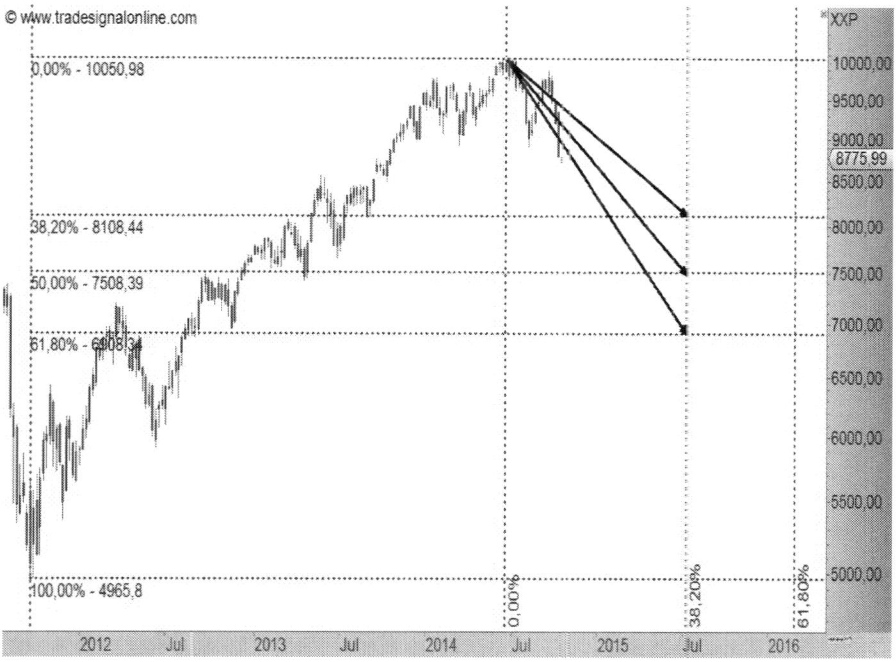

Abbildung 73: DAX Performance Index im Wochenchart mit einer preislichen und zeitlichen Fibonacci-Korrekturmatrix.

Professionelle Anwendung – Fibonacci-Überlagerungen

Fibonacci-Überlagerungslevel verschiedener Fraktale und Zeitebenen steigern die Wahrscheinlichkeiten für eine zukünftige Preisreaktion deutlich da oftmals nicht ganz klar ist, auf welche einzelnen Trendstücke die Marktteilnehmer blicken. Je mehr Überlagerungen sich finden lassen, desto eher findet man relevante Kursbereiche.

Abbildung 74: Goldpreis (Spot) im Tageschart. In diesem Chartbild wurden gleich drei Progressionsfraktale zur Findung von Widerständen genutzt. Nahezu alle Verlaufshochs wurden an Fibonacci-Retracements ausgebildet.

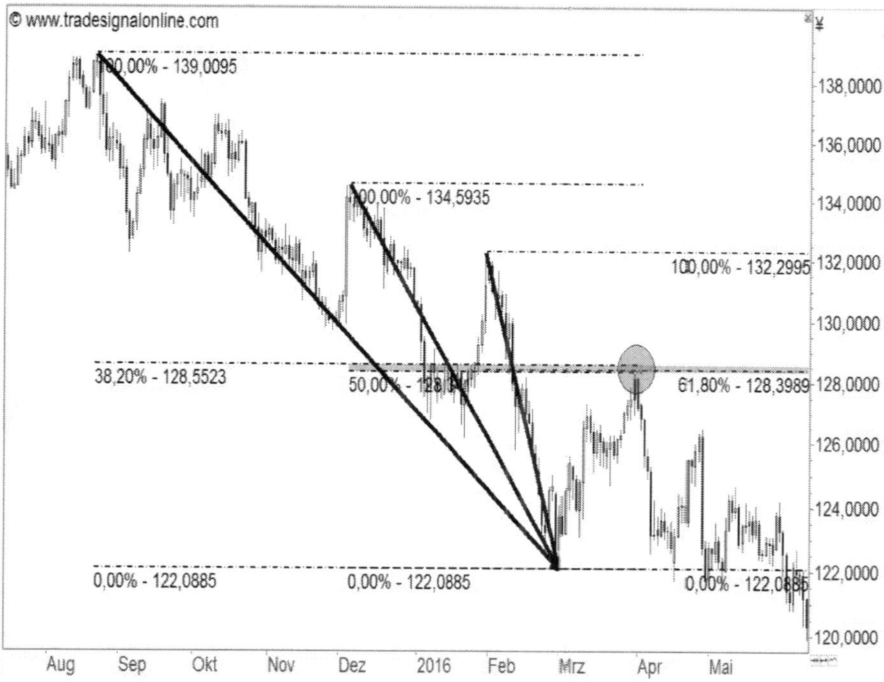

Abbildung 75: EUR/JPY (Spot) im Tageschart. Nahe der Marke von 128,00 JPY treffen gleich drei Fibonacci-Retracements (38,2er aus dem großen, 50er aus dem mittleren und 61,8er aus dem kleinen Fraktal) aus verschiedenen Bewegungsarmen aufeinander. Die Wahrscheinlichkeit für einen starken Widerstand und eine dynamische Kursreaktion ist damit deutlich erhöht und führt oftmals zum Erfolg im Trading.

Übung 13

Untersuchen Sie das langfristige Chartbild der Thyssenkrupp-Aktie auf beidseitige Fibonacci-Retracements und mögliche Überlagerungen. Die Lösung dieser Aufgabe finden Sie unter http://trading-made-in-germany.de/uebungen-loesungen.

Professionelle Anwendung – Kombination mit der Technischen Analyse

Weitere Kombinationen mit Analysemethoden der klassischen und exotischen Charttechnik können die Qualität und Eintrittswahrscheinlichkeit von Voraussagen weiter erhöhen. Besonders die Beobachtung von Marktprofil und Fibonacci-Levels war in der Praxis aussichtsreich.

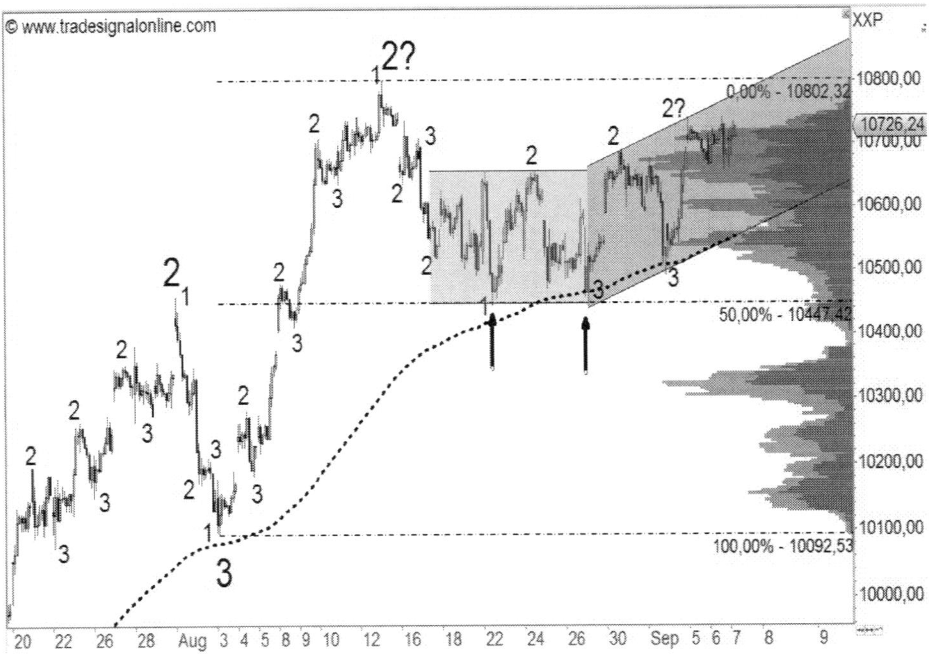

Abbildung 76: DAX Performance Index im Stundenchart. Das Chartbild zeigt eine erste, werthaltige Clusteranalyse mit allen bisher im Buch erwähnten Bestandteilen. Anwendung findet die klassische Charttechnik in Form von einer Seitwärtsspanne, einem doppelten Tief und einem jungen, aufwärtsgerichteten Trendkanal. Zudem finden wir das Marktprofil, die 200-Stunden-Linie als Kursstütze und das 50-%-Fibonacci-Retracement als weitere Überlagerung im Chartbild wieder. Die markttechnische Punktzählung beschreibt weiterhin einen jungen Kaufimpuls sowie die übergeordnete Trendlage.

Kapitel 8

Technische Clusteranalyse

Wie wir nun gelernt haben gibt es innerhalb der Technischen Analyse viele verschiedene Strömungen und Methoden. Die Sinnhaftigkeit und die Einsatzmöglichkeiten dieser Bausteine im Einzelnen haben wir dargestellt und an einer Vielzahl von Chartbildern überprüft. Die große Masse privater Trader nutzt die Charttechnik für Trading-Einstiege und handelt dann in der Regel trendfolgend nach Markttechnik oder Dow-Theorie. Weiterhin ist davon auszugehen, dass die Mehrheit der Trader mit der Zeit eher Geld verliert als gewinnt – die Zahl der Verlierer wird regelmäßig größer 90 Prozent angegeben. Zuletzt hat dies eine Studie der französischen Finanzaufsicht abermals bestätigt, in Belgien gibt es mittlerweile sogar Werbeverbote für stark gehebelte Anlageprodukte. Die Masse verliert also Kapital an den Berufshandel, die Broker oder einige wenige Private. Folglich dürfen wir auch davon ausgehen, dass die Strategien und Handelsansätze, Methoden und Techniken privater Trader nicht für einen nachhaltigen Börsenerfolg geeignet sein können. Wenn Trader A das Buch X, Y und Z gelesen und schlussendlich nach Methode X handelt, Trader B nach Y und Trader C nach Z handeln aber alle in den Markt einzahlen, sollten Sie es tunlichst vermeiden dieselben Bücher zu lesen und ähnliche Strategien zu handeln. Unserer Ansicht nach haben die bestehenden Ansätze durchaus ihre Daseinsberechtigung sowie Vor- und Nachteile. Nur aber eine Kombination der Vorteile aus verschiedenen Strömungen der vielen technischen oder fundamentalen Analysemethoden wird Ihnen einen gewissen Gewinnvorteil gegenüber der großen Masse verschaffen. Je mehr Sicht- und Handelsweisen verschiedener Analysten und Händler im Chartbild vereint werden können, desto wahrscheinlicher findet eine preisliche Aktion dieser oder Teile der Gruppe auch wirklich statt. Nur viele oder große Händlerschaften zum gleichen Zeitpunkt und auf gleichem Kursniveau agierend, führen zu intensiven, dynamischen Kursbewegungen – und diese Art von Bewegung ist das Wasser auf unsere Erfolgsmühlen.

Mit dem Aufbau einer Argumentationskette innerhalb der Chartanalyse unter Berücksichtigung verschiedener Aspekte und Ansätze erhöhen wir die Eintrittswahrscheinlichkeit unserer Annahmen und schließlich unsere Trefferquote im Trading. Wir können an dieser Stelle nur versuchen Sie zu sensibilisieren, neue Anreize zu schaffen und unsere Vorgehensweise praktisch vorzustellen. Der Ansatz in der kombinierten Charttechnik muss jedoch für Sie persönlich sinnig und stimmig klingen sodass Sie einen persönlichen Werkzeugkasten des Technischen Analysten zusammenstellen und anwenden können. Nachfolgend zeigen wir Ihnen, wie Sie selbst eine professionelle und aussagekräftige Chartanalyse inklusive Ausblick und Handelsmarken in nur acht einfachen, kostenlosen und wenig zeitaufwendigen Schritten erstellen können.

Schritt		
1	Die richtigen Grundeinstellungen	✓
2	Multi-Time-Frame-Analyse	✓
3	Klassische Charttechnik	✓
4	Handelsvolumen	✓
5	Fibonacci-Zahlenfolge	✓
6	Kombination und Cluster	✓
7	Wahrscheinlichkeiten und Güte	✓
8	Ausblick und Handelsmarken	✓

Kurzinfo

Ein kurzes, erklärendes Beispielvideo zur praktischen Clusteranalyse in acht Schritten in der Analysesoftware tradesignalonline.com finden Sie kostenlos unter http://trading-made-in-germany.de/videos.

In acht Schritten zur professionellen Clusteranalyse

Nachfolgend lernen Sie die praktische Vorgehensweise bei der Clusteranalyse in nur acht Schritten kennen. Wichtig ist, dass Sie die einzelnen Elemente nun parallel in Ihrer Chartsoftware nachverfolgen und selbst eine Analyse anfertigen. Dies sollte dann einige (hundert) Male wiederholt werden, sodass Sie Erfahrung aus den einzelnen Chartbildern und ein Gefühl für die Basiswerte sammeln können. Beispielhaft wollen wir den US-Leitindex S&P 500 im lang- und mittelfristigen Chartbild unter die Lupe nehmen.

Schritt 1: Die richtigen Grundeinstellungen

Wir wählen für die Darstellung der Kurse den Kerzenchart und für die Darstellung der Zeit Wochenperioden in einer logarithmischen Skalierung aus. Nun gilt es den richtigen Basiswert zu analysieren und wir treffen auf erste Schwierigkeiten. Den marktbreiten US-Leitindex S&P 500 gibt es in gleich vier verschiedenen Ausführungen, nämlich dem S&P 500 Kassa-Index mit dem Kürzel „INX", dem S&P 500 Index Floor mit dem Kürzel „SP", dem S&P 500 Index Emini-Future mit dem Kürzel „ES" und dem S&P 500 Index Future mit dem Kürzel „SP". Handelsinstrumente, wie zum Beispiel CFD´s oder Optionsscheine, können sowohl auf den S&P Kassa-Index als auch auf den Future aufgelegt werden. Der CFD-Broker Activ Trades PLC aus London verwendet beispielsweise die Futures, wogegen deutsche Broker meist die Kasse als Basiswert taxieren. Wenn Sie nicht weiterwissen hilft Ihnen entweder Google, die Homepage des Brokers oder ein Anruf im Kundenservice – diesen können Sie mit dieser Nachfrage gleich auf die Qualität testen. Generell gilt jedoch, Sie sollten analysieren und untersuchen was Sie schließlich auch handeln wollen. Wir wählen den S&P 500 Kassa-Index mit dem Kürzel „INX" und der ISIN US78378X1072 aus. Stellen Sie den Chart in der Grundeinstellung auf eine Historie von rund drei Handelsjahren rückwertiger Betrachtung ein.

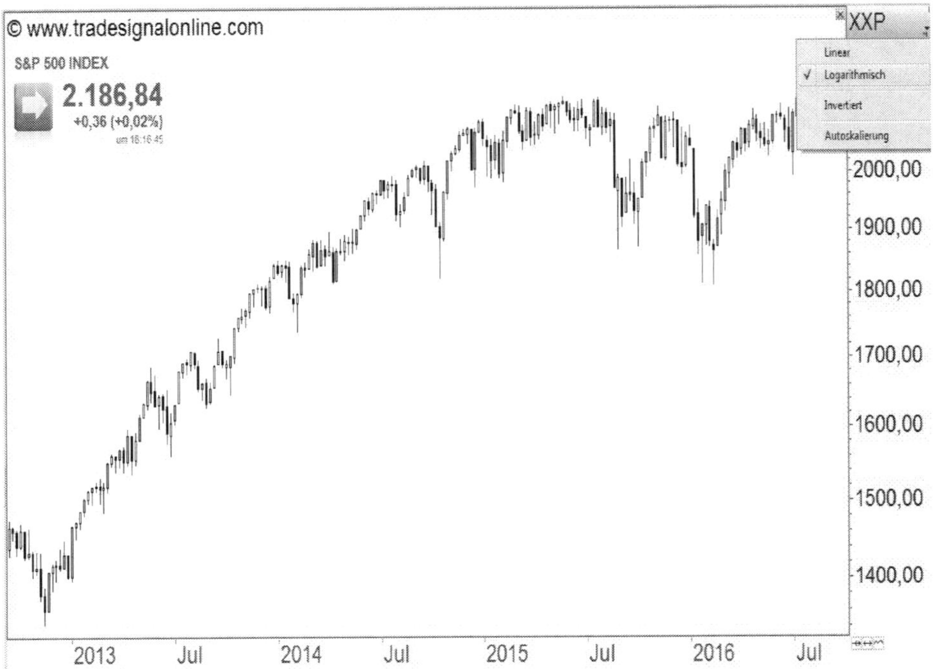

Abbildung 77: S&P 500 Index im Wochenchart. Die Grundeinstellungen sind getroffen und wir können mit der Analyse beginnen.

Schritt 2: Multi-Time-Frame-Analyse mit Hilfe der EMA´s

Wagen wir nun den „Blick vom Feldherrenhügel“ in unserem Wochenchart. Legen Sie dazu das EMA-Bündel mit den Perioden 200, 100, 50 und 20 in Form von Indikatoren in das Chartbild und untersuchen Sie den Trend auf Richtung, Verfassung, Intensität und Volatilität wie in Kapitel 5 gelernt. Schnell fällt auf, der Index befindet sich innerhalb der Progressionsphase eines intakten Aufwärtstrends mit zunehmender Dynamik und Schwankung. Damit ist der übergeordnete Geldfluss untersucht und wir wissen sogleich, dass Short-Positionen keinen Sinn ergeben werden und wir innerhalb der tieferen Zeitebenen nach guten Long-Einstiegen in Form von Clustern Ausschau halten können. Notieren Sie sich das Ergebnis aus dem Wochenchart und wechseln Sie mit diesem Wissen in die nächsttiefere Zeiteinheit, den Tageschart. Wählen Sie ca. ein Jahr Historie.

Abbildung 78: S&P 500 Index im Wochenchart. Die ersten Untersuchungen gelten dem Trendverhalten mit Hilfe der gleitenden Durchschnitte in ihrer Funktion als Filter.

Abbildung 79: S&P 500 Index im Tageschart. Auch im mittelfristigen Tageschart finden wir einen intakten Aufwärtstrend in der Progression wieder – die Annahmen decken sich daher mit dem langfristigen Chartbild. Es ist von Vorteil wenn lang- und mittelfristig orientierte Anleger in dieselbe Richtung agieren, denn Trends können sich dann oftmals ungestört ausbilden. Der US-Aktienmarkt erlebt gerade ein neues Allzeithoch. Notieren Sie ihre gewonnen Erkenntnisse oder fertigen Sie als Hilfsmittel eine Trading-Matrix (vgl. Kapitel 10) an. In dieser beispielhaften Clusteranalyse endet die Multi-Time-Frame-Analyse, da wir den Tageschart als Signalgeber bevorzugen wollen. Wenn Sie selbst in tieferen Zeiteinheiten arbeiten müssen Sie diese Vorgehensweise bis zu diesen fortsetzen.

Schritt 3: Anwendung der klassischen Charttechnik

Wie in Kapitel 4 gelernt untersuchen wir das Chartbild nun auf Muster und Formationen, Widerstände und Unterstützungen aus der klassischen Analyse. Zunächst werden Horizontallinien, gefolgt von Trendlinien und -kanälen eingezeichnet. Es folgen Chartmuster und –formationen und einfache Kurszielbestimmungen aus Spannen heraus. Versuchen Sie schon jetzt Kombinationsmöglichkeiten und Überlagerungen aus diesen klassischen Analyseverfahren heraus im Chart zu finden und diese kenntlich zu machen.

Schritt		
1	Widerstände und Unterstützungen	✓
2	Trendlinien und Trendkanäle	✓
3	Ausbrüche und Fehlausbrüche	✓
4	Chartmuster und -formationen	✓
5	Spannen und Projektionen	✓
6	Kombination klassischer Methoden	✓

Abbildung 80: S&P 500 Index im Tageschart. Die charttechnische Untersuchung anhand klassischer Methoden ist abgeschlossen. Eine aktuelle Beschreibung der Geschehnisse aus der Analyse heraus könnte wie folgt niedergeschrieben werden: „In Folge eines doppelten Tiefs zu Jahresbeginn 2016 konnte der Markt deutlich zulegen und neue Allzeithochs ausbilden. Eine starke und mehrfach bestätigte Unterstützung verläuft bei rund 2.000 Punkten. Derzeit wird der Kurs von einer nahen Horizontallinie bei 2.190,15 Punkten gedeckelt und korrigiert innerhalb einer Spanne auf hohem Niveau seitwärts."

Schritt 4: Untersuchung des Handelsvolumens

Die Anwendung des Marktprofils, wie in Kapitel 5 beschrieben, stößt an ihre Grenzen da sich der Index am Allzeithoch befindet und demnach noch keine historischen Volumina oberhalb der aktuellen Notierungen vorhanden sind.

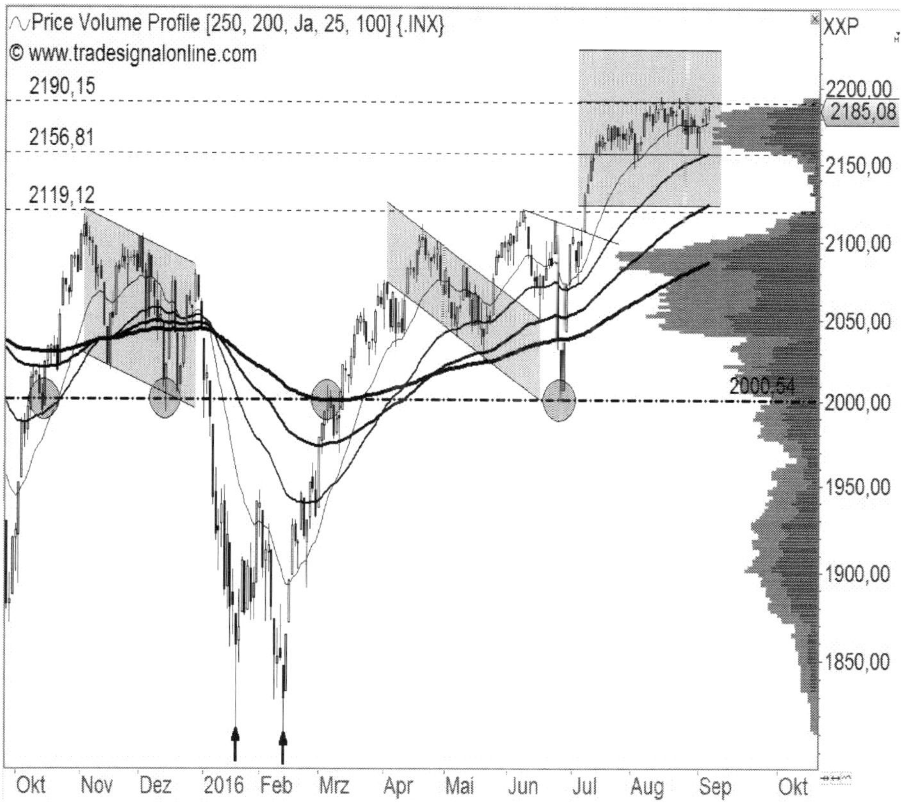

Abbildung 81: S&P 500 Index im Tageschart. Dennoch können wir viele hilfreiche Schlüsse für Analyse und Trading aus dem Marktprofil der letzten 250 Handelstage im S&P 500 Index ziehen. Die Preise direkt unterhalb der jungen Seitwärtsspanne wurden nicht effizient von den Marktteilnehmern gehandelt sodass Rücksetzer dynamischen Spielraum in Richtung 2.100-Punkte-Marke haben sollten. Folglich kann ein möglicher Stop-Loss für eine Long-Position eng an der Unterkante der Spanne bei 2.156 Punkten gesetzt werden.

Größere Gewinnmitnahmen stoßen bei rund 2.090 Punkten auf das Haupteffizienzlevel aus dem Marktprofil, den sogenannten „Point-of-Control“. Dieser dient als starke Volumenunterstützung und demnach als langfristige Kaufzone.

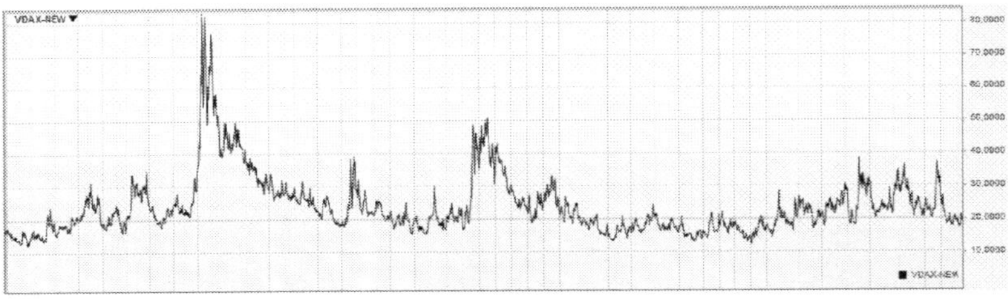

VDAX NEW im 10-Jahres-Linienchart. Quelle: www.boerse-frankfurt.de.

Kurzinfo

Die Börse lebt von der Bewegung – das tägliche Auf und Ab an den Finanzmärkten beschäftigt unseren Geist, bewegt unser Depot und füllt alltäglich den Wirtschaftsteil unserer Morgenlektüre. Die Chance auf große Gewinne glüht in jedem Anfänger auf, wogegen Profis eher daran interessiert sind, sich ein regelmäßiges Stück vom Kuchen abzuschneiden. Nun können wir heutzutage nahezu Alles und zu jeder Zeit handeln – Futures auf Lebendrind, CFD´s auf den DAX oder hunderte von Devisenpaaren werden hoch, und natürlich auch wieder herunter getradet. Dabei leben die Märkte von Trendbewegungen, also der meist zickzackartigen Schwankung, welche von Fachleuten auch gerne als Volatilität bezeichnet wird. Vergleichsweise ruhige Marktphasen generieren demnach eine niedrige Volatilität, wogegen hohe Volatilität herrscht, wenn es „heiß hergeht“. Grundlegend gibt es für nahezu alle Märkte Volatilitätsmesser und –indizes. Unter Tradern finden jedoch zwei dieser Indikationen besondere Aufmerksamkeit. Bezogen auf den deutschen Markt ist dies der VDAX NEW, welcher von der Deutschen Börse Group ermittelt wird, und die von den Marktteilnehmern erwartete Schwankungsbreite für die 30 Dax-Titel wiedergibt. Der große Bruder des VDAX NEW ist der VIX (Chicago Board Options Exchange Market Volatility Index). Dieser amerikanische Index spiegelt die implizite Volatilität für den marktbreiten S&P 500 Index wieder. Da dieser als weltweiter Leitindex gilt, wird er auch als übergreifender Indikator für die Situation am gesamten Aktienmarkt genutzt.

Schritt 5: Anwendung der Fibonacci-Zahlenfolge

Die Fibonacci-Zahlenfolge können wir sowohl zur Findung finanzmathematischer Unterstützungen als zur Projektion von zukünftigen Widerständen nutzen. Das jüngste, markante Aufwärtstrendfraktal wird dabei zum einen für die Ermittlung der Retracements als auch für die Kurszielprojektion verwendet.

Abbildung 82: S&P 500 Index im Tageschart. Das erste, 38,2er-Fibonacci-Retracement überlagert mit den alten Allzeithochs, einer horizontalen Unterstützungszone. Fällt der Kurs also zurück sind hier antizyklische Long-Einstiege denkbar. Auch die 50-%-Marke clustert genau mit dem Haupteffizienzlevel aus dem Marktprofil und verstärkt so dessen Wirkung um ein Vielfaches.

Schritt 6: Kombination und Suche nach Clustern

Kombinieren wir die einzelnen Methoden nun bestmöglich miteinander und suchen nach Überlagerungen. Hierbei kann das Erstellen von „Wenn-dann-Szenarien" hilfreich sein. Szenario 1: Wenn der Kurs nach oben läuft verlässt er eine Seitwärtsspanne, bildet neue Allzeithochs aus und setzt sich vom Volumenhügel ab. Die nächsten Kursziele errechnen Fibonacci-Projektionen. Das sind in Summe drei Kaufargumente. Szenario 2: Wenn der Kurs nach unten läuft verlässt er eine Seitwärtsspanne und geht in die Korrektur über (siehe EMA20). Die stellt jedoch nur die Regression in einem intakten, übergeordneten Aufwärtstrend dar. Das Marktprofil lässt einen dynamischen Rückfall bis zur Clusterunterstützung nahe den alten Allzeithochs zu. Dies sind in Summe nur zwei Verkaufsargumente.

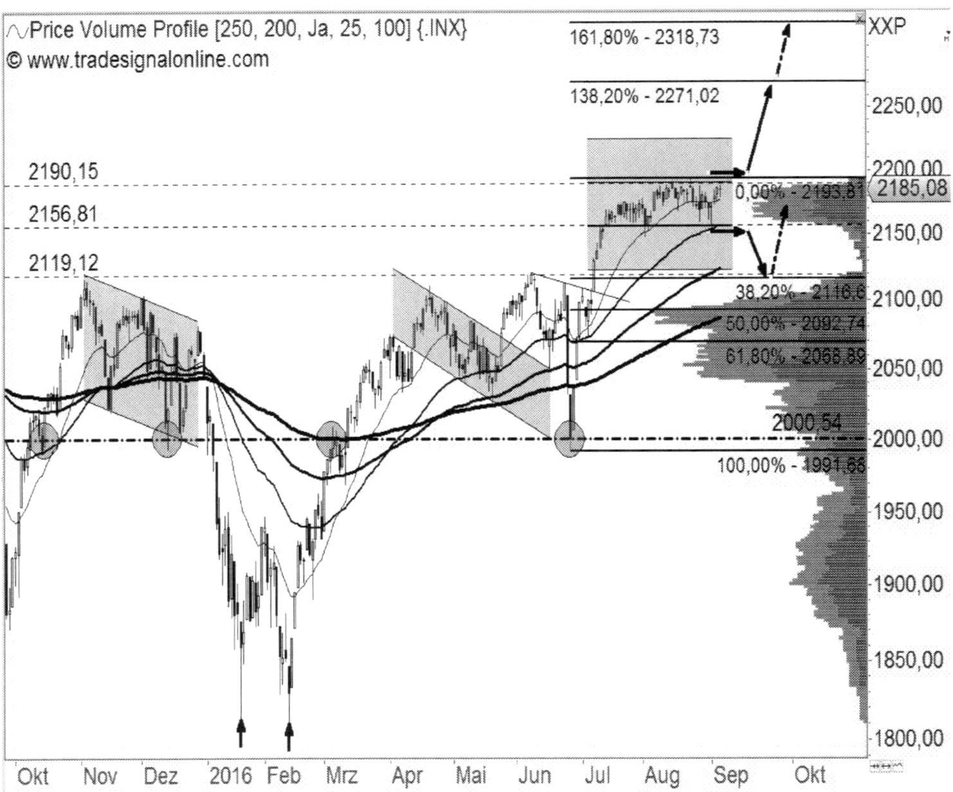

Abbildung 83: S&P 500 Index im Tageschart.

Schritt 7: Bewertung der Wahrscheinlichkeiten und der Güte

Nun ist es an der Zeit unsere beiden „Wenn-dann-Szenarien“ anhand einer möglichst handfesten Argumentationskette zu bewerten. Die übergeordnete Trendlage sollte dabei hohen Stellenwert haben. In unserem Beispiel ist nur das Long-Szenario konform mit den lang- und mittelfristigen Geldflüssen. Zudem konnten wir auf der Käuferseite drei, auf der Verkäuferseite nur zwei Argumente sammeln. Die Bewertung zugunsten der Bullen fällt also leicht. Bei Patt-Situationen können Sie weitere Analysemethoden oder fundamentale Kriterien hinzuziehen – zum Beispiel die Dekaden-Saisonalitäten im aktuellen Monat, einen Vergleichsindex oder die relative-Stärke und Schwäche.

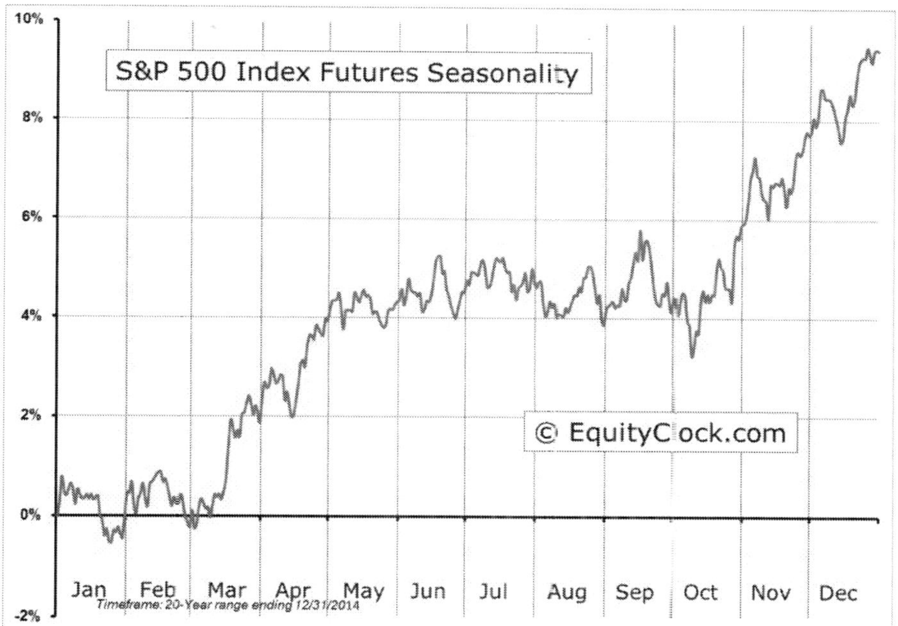

Abbildung 84: Die 20-jährige Saisonalität für die Entwicklung des S&P 500 war zum Anfang des Monats September im Durchschnitt bullisch sodass wir die Long-Seite wahrscheinlicher mit Erfolg handeln werden.

Schritt 8: Ausblick und Handelsmarken

Nun kommt es darauf an, einen klaren Ausblick mit allen für das Trading wichtig Handelsmarken zu entwerfen. Wir sind keine reinen Autoren, sondern Händler – demnach ist die Entscheidung für ein favorisiertes Szenario unabdingbar. Die in Schritt 7 vorausgegangene Bewertung lässt demnach nur einen bullischen Ausblick zu. Dieser könnte wie folgt aussehen: Der prozyklische, trendfolgende Long-Einstieg in den S&P 500 erfolgt zum nächsten Marktpreis nach einem erfolgreichen Überwinden der Widerstandslinie bei 2.190,15 Punkten auf Tagesschlusskursbasis. Der Stop-Loss wird eng unterhalb der Seitwärtsspanne bei 2.156 Punkten platziert. Der Take-Profit der Position wird in zwei Teilverkäufe mit jeweils 50 Prozent der Positionsgröße aufgeteilt und an den Fibonacci-Projektionslevels bei 2.271 Punkten und 2.318,7 Punkten platziert. Damit ergibt sich ein positives, rechnerisches Chance-Risiko-Verhältnis von rund 3:1. Wir haben unser Ziel, eine klare Richtungsansage inklusive echter Handelsmarken erreicht – nun liegt es an Ihnen, dieses Vorgehen in der Praxis und an verschiedenen Chartbildern zu üben. Nachfolgend wollen wir die Apple-Aktie als weiteres Beispiel untersuchen.

Abbildung 85: Apple im Wochenchart. Im langfristigen Chartbild gilt es den Geldfluss und eine mögliche Handelsrichtung zu identifizieren – den Überblick über die „Großwetterlage" zu gewinnen. Die Aktie ist nach einer Rally in 2013 und 2014 in die Korrektur übergegangen, hat jedoch zuletzt einen Boden ausbilden können. Der Trendfilter EMA200 verläuft unter dem Kurs mit einer leichten Neigung gen Norden. Die nahen Tiefs wurden zudem mehrfach bestätigt und am 50er-Fibonacci-Retracement der großen Kaufbewegung ausgebildet. Eine Abwärtstrendlinie wurde nachhaltig überwunden. Folglich ist die bullische Seite zu bevorzugen. Mit diesem Wissen zoomen wir uns nun tiefer, in den Tageschart.

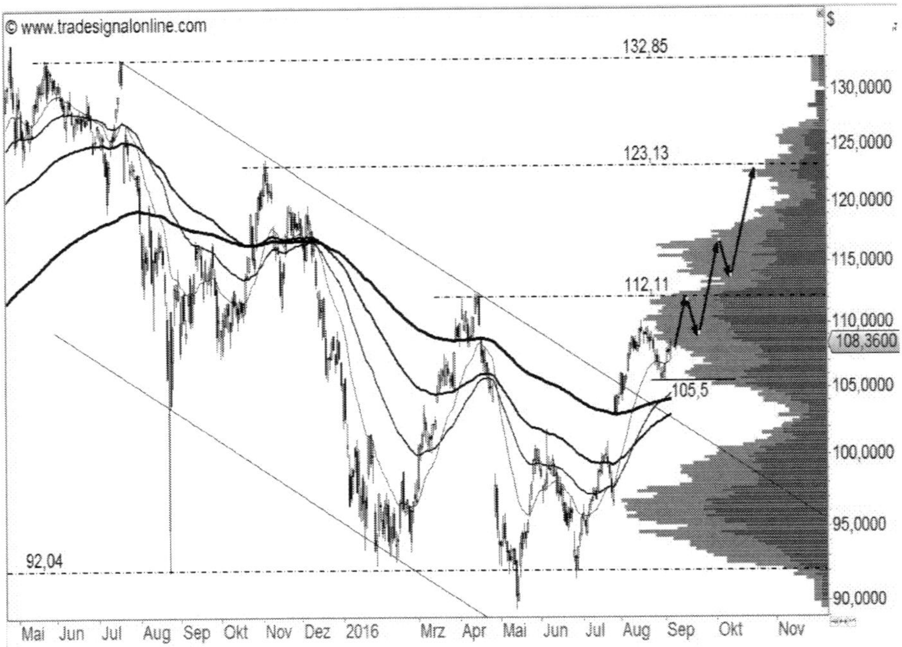

Abbildung 86: Apple im Tageschart. Auch im Tageschart fällt der erste Blick auf die Filter EMA´s – wir befinden uns innerhalb der Progressionsphase im Aufwärtstrend und sind so konform mit dem langfristigen Chartbild. Das Marktprofil verrät uns schnell, dass der Preis unterhalb des jüngsten Tiefs bei 105,50 US-Dollar ineffizient wird und der Markt demnach kein Interesse an dieser Zone haben sollte – ein enger Stop-Loss scheint sinnig. Den Weg für den Ausblick und mögliche Teilverkäufe geben nun die Horizontalwiderstände bei 112,11 US-Dollar, und später 123,13 US-Dollar, sowie das Marktprofil mit seinen Volumenhügeln und –tälern vor.

Kapitel 9

Exkurs: Saisonalitäten

Wie Sie bereits in den vorangegangenen Abschnitten gelesen haben, kann die Untersuchung der Saisonalitäten einen weiteren, einfachen und wertvollen Beitrag aus der Fundamentalanalyse bieten. Saisonalitäten in den Finanzmärkten sind jahreszeitlich bedingte Bewegungen der Preise oder Volatilitäten. Diese können Folge natürlicher Prozesse wie zum Beispiel Erntephasen oder Heizperioden bei Rohstoffen oder kalendarische Phänomene wie regelmäßige Gewinnausschüttungen im Bereich der Aktien sein. Die Vielzahl der Einflussfaktoren lässt sowohl eine langfristige Betrachtung von Kursverläufen, als auch kurzfristige Intraday-Berechnungen, zu. Gibt es wirklich eine Jahresendrally im DAX? Um das herauszufinden betrachten wir historische Jahresverläufe und bilden daraus einen Mittelwert – also eine typische, durchschnittliche Entwicklung. Visualisiert man diese Berechnungen dann mit Hilfe eines Chartbilds lassen sich allgemeine Annahmen, wie die einer jährlichen Weihnachtsrally oder das alte Börsensprichwort „sell in May an go away“ überprüfen. Aber auch neue und bisher unbekannte saisonale Muster lassen sich so aufspüren und in die allgemeine Analyse integrieren. Wie jeder Trading-Ansatz sind auch jahreszeitliche Muster nicht frei von Fehlern. Sogenannte „Ausreißerjahre“ kommen regelmäßig vor. Wir empfehlen daher, sich nicht rein nach den typischen Verläufen zu richten, sondern dieses Wissen mit anderen Methoden der Technischen Analyse zu kombinieren, umso eine fundierte Meinung zu bilden. Für den kostenlosen Bezug saisonaler Charts empfiehlt sich die Webseite http://charts.equityclock.com/.

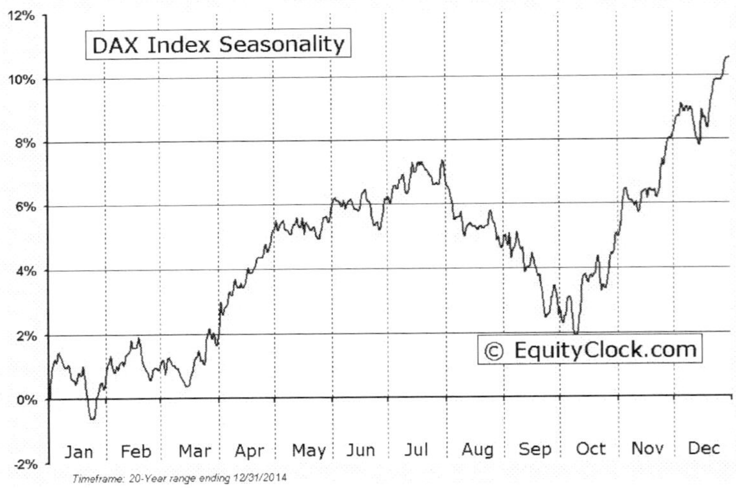

Abbildung 87: Der 20-jährige Mittelwert für die Entwicklung im deutschen Leitindex DAX – die Jahresendrally gibt es in der Regel tatsächlich – der Sommer zeigt sich meist korrekturanfällig.

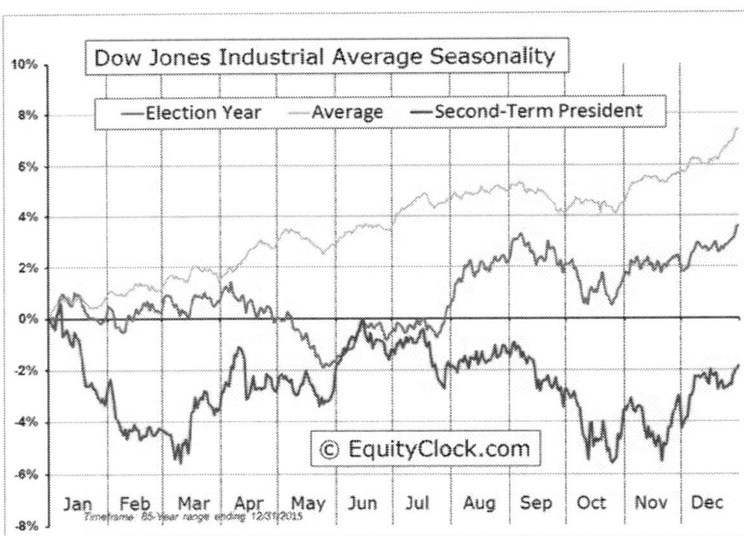

Abbildung 88: Die Entwicklungen des Dow Jones in US-Präsidentschaftswahljahren.

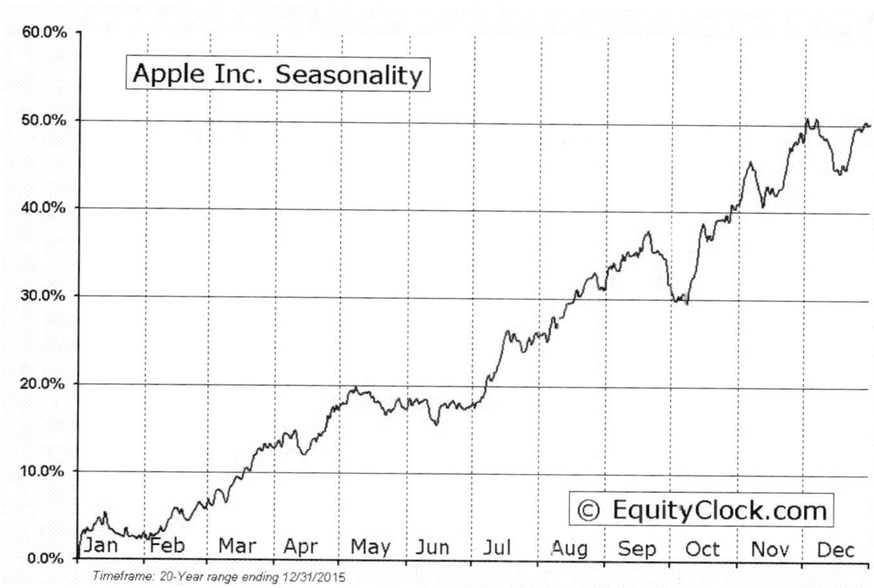

Abbildung 89: Auch die Saisonalität der Apple-Aktie ist konform unserer Clusteranalyse in Kapitel 8 bis ins letzte September-Drittel hinein bullisch.

Kapitel 10

Hilfsmittel: Trading-Matrix

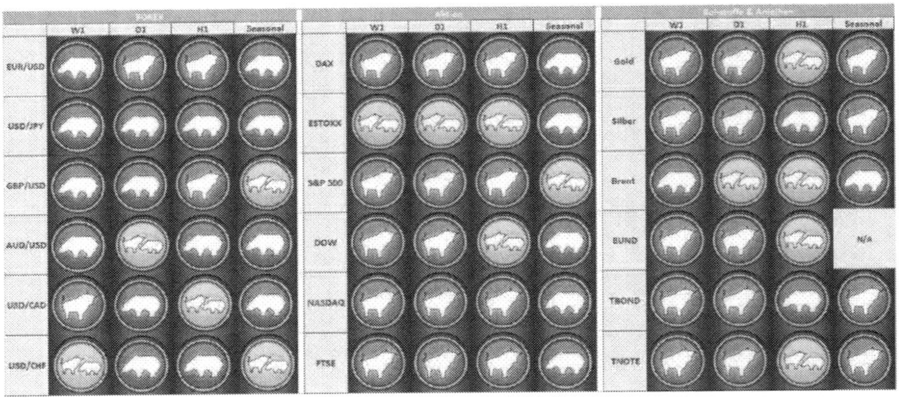

Abbildung 90: Die Trading-Matrix.

Eine individuelle Trading-Matrix nach persönlichen Vorgaben und Bedürfnissen können Sie schnell und einfach für alle gehandelten Basiswerte in einem Tabellenkalkulationsprogramm entwerfen. Diese dient sodann bei der Handelsvorbereitung zur Sammlung wichtiger Informationen und beim Trading selbst für einen direkten und zweifelsfreien Überblick. Zudem wird die Entwicklung in den einzelnen Assetklassen schnell visualisiert, sodass Geldflüsse in allen relevanten Zeitebenen erkennbar werden. Unsere hier vorgestellte Trading-Matrix hat drei übergeordnete Bereiche: Forex, Aktien sowie Rohstoffe und Anleihen. Zu jedem Basiswert werden die drei Zeiteinheiten der Wochen-, Tages- und Stundencharts auf Basis des EMA200 analysiert. Periodenschlusskurse darüber suggerieren einen Aufwärtstrend mit dem Bullen als Symbol, Notierungen darunter einen Abwärtstrend mit dem Bären als Sinnbild. Hat der EMA200 keine erkennbare Steigung oder läuft der Markt seit längerer Zeit ohne dynamischen Trend seitwärts, wird dieser als neutral gekennzeichnet. Die letzte, optionale Spalte zeigt zudem die jeweilige Saisonalität für die nächsten Wochen des Basiswerts an.

Gehandelt werden sollte nun nur, wenn alle untersuchten Zeitebenen den gleichen Geldfluss aufweisen und dann eine hohe Trendstärke suggerieren. Interessante Basiswerte sind auf den ersten Blick erkennbar, sodass Sie diese näher untersuchen können. Weniger dynamische Märkte werden kenntlich gemacht und können so gemieden werden.

Kurzinfo

Eine Excel-Vorlage der erweiterten Trading-Matrix können Sie sich kostenlos im Format .xlsx unter http://trading-made-in-germany.de/tools-hilfe herunterladen.

Epilog

Am Anfang steht das Chaos. Das Chaos welches sich dem Interessierten eröffnet, googelt man das erste Mal die Begriffe „Trading", „Börse" oder „Charttechnik". So erging es auch mir nach den ersten Kontakten mit dem Laufband der Kurse. Unzählige Internetseiten, Bücher und Videos, unzählige „Trading-Gurus" und Autoren drängen dem Konsumenten ihre Informationsfülle auf. Vieles davon ist nicht von Nutzen für Ihre persönlichen Bedürfnisse, vieles davon nutzt nur den Autoren.

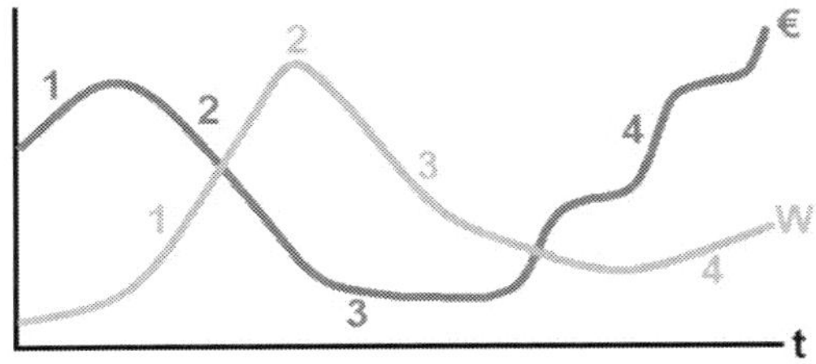

Abbildung 91: Stilisierte Wissens- und Kapitalkurve eines Traders.

Wie in der Grafik zu sehen ist, steigt die Kapitalkurve (dunkelgrau, €) eines Traders meist zu Beginn einer Karriere an (1) – warum auch immer, aus der persönlichen Erfahrung heraus ist es jedoch oftmals so und man hat schlicht und einfach Glück. Durch die anfänglichen Gewinne ist man „angefixt" und steigt tiefer in die Materie ein. Die Tradefrequenz wird erhöht und tieferliegende Zeiteinheiten gehandelt. In diesem Stadium ist es jedoch nur eine Frage der Zeit bis das Konto zu fallen beginnt (2) und eine Verlustpyramide aus immer größeren Positionen entsteht. Der Trader versucht, angelaufene Verluste zu kompensieren und erhöht sukzessive das Risiko. Im fortlaufenden Prozess plätten die meisten Neulingen an dieser Stelle ihr Konto gänzlich. Betrachten wir dazu die „Wissenskurve" (hellgrau, W), häuft der Interessierte anfangs eine große Menge an Informationen aus allen verfügbaren Medien zusammen und versucht diese umzusetzen (1).

Verschiedene Handelsansätze und Methoden werden erlernt und eingesetzt, verschiedene Basiswerte und Zeitebenen erkundet. Erst wenn der Trader schließlich realisiert, dass die Fülle an Informationen und Einwirkungen auf das eigene Handeln schlicht viel zu groß geworden ist wird der Scheitelpunkt erreicht (2). Im weiteren Verlauf sollte man sich auf einige wenige Ansätze und Grundlagen konzentrieren – diese schließlich professionalisieren. Vieles anfangs gelernte fällt beiseite und die Wissenskurve reduziert sich auf einige wesentliche Ansätze, Märkte und Handelsstrategien (3). Aus Sicht der Kapitalkurve ist dies die Phase der „Equity-Null“ – das Konto bleibt relativ stabil und ohne größere Verluste, kommt jedoch auch nicht wirklich gen Norden voran (3). Erst die Fachausbildung in den persönlich bevorzugten und mit Erfolg gehandelten Einsatzgebieten im Trading und ein gutes Risiko- und Money-Management können nach einigen Jahren zu langfristigen und nachhaltigen Erfolgen mit nur noch überschaubaren Verlustphasen führen (4). Für mich persönlich war dies erst mit der Kombination verschiedener Methoden aus der Technischen Analyse, also mit der hier vorgestellten Clusterbildung, möglich. Versuchen Sie selbst Ihren persönlichen „Heiligen Gral“ zu finden und konzentrieren Sie sich schließlich nur noch auf die Optimierung dessen.

Ich wünsche Ihnen allzeit viel Erfolg und gute Trades,

Ihr und Euer Christian Stern

Email: info@trading-made-in-germany.de

http://trading-made-in-germany.de/

27917953R00078

Printed in Poland
by Amazon Fulfillment
Poland Sp. z o.o., Wrocław